AF366473

LETTRE

DU COMTE DE MIRABEAU

A M. LE COUTEULX

DE LA NORAYE,

Sur la Banque de Saint-Charles & sur la Caisse-d'Escompte.

V

LETTRE

DU COMTE DE MIRABEAU

A M. LE COUTEULX

DE LA NORAYE,

Sur la Banque de Saint-Charles & sur la
Caisse-d'Escompte.

Vos opibus junctos conspirantesque tulissem!
CLAUDIAN.

A BRUXELLES.

1785.

LETTRE

DU COMTE DE MIRABEAU

A M. LE COUTEULX DE LA NORAYE.

Oui Monsieur ; c'est moi, c'est bien moi qui vous écris ; j'ai des comptes à vous rendre, j'en ai quelques-uns à vous demander . je vous proposerai des questions, des doutes, des observations. Je le ferai, Monsieur, avec liberté & même avec naïveté. Répondez - moi, veuillez me répondre avec simplicité, droiture, loyauté ; & je n'aurai perdu mon temps, ni pour vous, ni pout moi, ni pour les autres en écrivant cette Lettre ; car c'est toujours la cause du Public que je discute, & vous ne devez pas vous étonner si je le mets en tiers entre nous.

Vous avez dit, Monsieur, le vendredi 24 du mois de Juin, chez un Secrétaire d'Etat, en présence de vingt-cinq

* A

personnes & à un homme d'ailleurs très-digne de foi, *qu'on pouvoit oppofer un grand nombre de raifons & de faits à mon Ouvrage fur la Banque de Saint-Charles, & que les gens du métier n'en feroient pas les dupes....*, c'eft du Livre & non de la Banque que vous parliez ainfi.

Sauf le refpect dû *aux gens du métier*, auxquels je me promets de le manifefter en toute occafion, j'avoue, Monfieur, que je crois précifément le contraire de ce que vous avez dit. Je crois que mon Livre n'eft pas moins irréplicable qu'une fimple regle d'Arithmétique; & votre affertion m'a d'autant plus étonné que M. Cabarrus prend la peine de fournir preuves fur preuves, des faits que j'ai avancés & même de ceux que j'ai prédits; c'eft nommément depuis la publication de l'ouvrage relatif à la Banque de Saint - Charles, que chaque Courrier d'Efpagne apporte une nouvelle démonftration de mes principes.

Mais peut-être vous ai-je mal compris , Monsieur. Que de *métiers* différens ne peut-on pas exercer sur la même chose ? On peut faire , ou avoir fait sur les actions de Saint-Charles le *métier* d'ami de M. Cabarrus , celui d'ami de sa Banque , celui de simple Négociant , de Capitaliste , de Commissionnaire ou Banquier , celui de joueur , celui même de prêteur sur dépôt au service des joueurs. Que sai-je ?.. Tout est commerce , tout est *métier*. L'observateur politique ou moral , le patriote ou l'homme d'état ont pu s'exercer sur la création de la Banque Espagnole & sur le mouvement donné à ses actions.

Vous le savez mieux que personne , Monsieur, vous n'êtes point étranger à ce mouvement ; dès-lors puisque vous prononcez que *les gens du métier* ne feront pas *les dupes de mon livre* , vous devez nous dire auquel de ces *métiers* vous avez fait allusion , sans quoi votre jugement sur l'ouvrage qui traite de la Banque d'Espagne est une énigme qui déjoueroit plus d'un Œdipe.

(4)

Quant à moi, Monsieur, j'ai fait mon Livre pour l'utilité publique. Le *métier* que j'ai exercé en l'écrivant est celui de Patriote François. C'est en cette qualité que j'ai porté mes regards sur la Banque de Saint-Charles, sur son influence & sur celle de ses actions au milieu de nous. J'ai même fait davantage ; grace aux vues personnelles de M. Cabarrus, j'ai eu le bonheur assez rare de servir l'Espagne autant que mon pays.

Vous aussi, Monsieur, vous prétendez apparemment au patriotisme ; ce ne peut être que par ce motif ou du moins sous cette enveloppe qu'on se hazarde à décrier chez un Ministre, devant une assemblée nombreuse un Livre du genre du mien.... D'ailleurs pourrois-je douter de votre patriotisme? Vous avez eu à mon occasion & sans doute pour mettre, s'il étoit possible, un frein à tout ce que j'ose, le courage rare parmi les gens délicats, de vaincre la répugnance naturelle qu'inspire à tout homme le métier de dénonciateur, &

d'exprimer au Ministre des finances à qui pourtant le délit & la connoissance du coupable ne pouvoient échapper, de lui exprimer, dis-je, avec l'énergie qui vous caractérise, la crainte qu'a ressenti votre ame civique, à l'apparition d'un *ouvrage incendiaire, qui ne tend pas à moins qu'à semer la zizanie & la discorde entre des Puissances amies.* Je crois, Monsieur, que ce sont à-peu-près vos propres expressions que je répete, tant ce qui vient de vous, rend ma mémoire fidéle !

Et quel effort n'a pas dû vous coûter cette dénonciation ? Simple particulier, n'ayant guere d'autre mission que la réputation de votre richesse, vous n'avez pas craint de paroître donner à un homme d'Etat, une leçon d'homme d'Etat ! Que dis-? Vous n'avez pas craint de trancher du Ministre & même du Ministre d'Espagne avec un Ministre de France ! D'apprendre au Contrôleur général des finances, qu'il doit laisser s'écouler à flots le numéraire du royaume, dans un pays d'où l'argent étranger ne revient jamais !... Certes, Monsieur, un homme moins élevé que vous au-dessus du respect humain, de ce respect qui a tant étouffé de talens & de vertus, auroit craint le ridicule d'une telle conduite.

Et que n'avez-vous pas bravé ? Les hommes sensés se demandent ce qui dans le livre sur la Banque de Saint-Charles, pourroit avec justice déplaire au gouvernement d'Espagne & à plus forte raison à celui de France ? Ils disent même que si le livre est mauvais, il sera sans influence & ne méritera pas la colere de la Cour de Madrid, tandis que s'il est bon, fondé en raisons, exact dans les faits, l'Auteur rend le plus grand service à l'Espagne, & le rend d'un ton très-mesuré, très-respectueux. Ils disent que M. Cabarrus n'est pas même Ministre ; qu'il n'est qu'un Banquier écrivant, imprimant, publiant ses œuvres & cherchant à y associer le monde entier. Pourquoi donc, ajoutent-ils, ne seroit-il pas permis de répondre à M. Cabarrus &

même d'avoir raiſon contre lui ? Un Banquier de Madrid auroit-il bonne grace à trouver mauvais qu'un François très-étranger au Commerce l'ait contre-dit, ou battu en matiere de Banque ? Eh ! pourquoi reſpecterions-nous à Paris M. Cabarrus, plus qu'on ne le reſpecte à Madrid même ? Son ancien aſſocié oſe bien lui demander publiquement compte d'un profit conſidérable, dont il accuſe M. Cabarrus de lui avoir ſouſtrait ſa part ? Un François ſera-t-il plus coupable en dévoilant les fauſſes eſpérances, dont M. Cabarrus leurre les François ?═Voi-là, Monſieur, ce que les hommes hon-nêtes, les bons Citoyens, les obſerva-teurs attentifs & ſages répétent à l'envi.

Ils diſent encore que ſi le Cabinet de Madrid s'abaiſſoit à ſe plaindre que mon Livre fait la guerre aux Finances d'Eſpa-gne, il nous feroit aiſé de répondre que c'eſt plutôt l'Eſpagne qui fait la guerre aux Finances de France ; car n'eſt-il pas évident, & qui le fait mieux que vous Monſieur, que cinquante millions au moins font fortis du royaume (1) depuis fix mois pour aller s'engloutir fans retour dans les coffres de la Banque de Saint - Charles ? Les hommes de fens demandent comment le Miniftre des Finances Françoifes pourroit voir cet événement avec indifférence? Comment blâmeroit-il le citoyen qui en démontre les fâcheufes conféquences? Qui, rangeant du côté du gouvernement François l'opinion publique, lui donne la force de déplaire à l'Efpagne pour la fervir? Ils demandent comment le gouvernement auquel on dénonce une Banque calquée fur le trop fameux fyftême de l'Empyrique Law, ne fentiroit pas la néceffité de préferver fes fujets des fuites de cette fcience funefte, dès qu'elle compromet & leur fortune, & fes Finances? & ne favoriferoit pas l'inftruction, qui peut feule diffiper les illufions dont un aventurier téméraire & rufé

---

(1) S'il n'eft pas rigoureufemet exact que tant de millions foient fortis de France pour la Banque de faint-Charles, il n'eft pas moins vrai que nous avons pour cette valeur d'Actions de la Banque de Saint-Charles, à moins qu'on ne fuppofe que M. Cabarrus dans fa munificence ne nous en ait fait préfent.

voudroit fasciner les esprits, non pour la gloire & la prospérité de l'Espagne ; jamais l'agiotage ne produira de gloire, ni l'illusion de prospérité ; mais pour sa fortune particuliere & ses succès individuels ?

Vous seul peut-être Monsieur, n'avez pas été séduit par des raisonnemens aussi simples ; vous seul avez su démêler les sophismes d'un ouvrage si nécessaire qu'il a fini par sembler superflu & que les mêmes hommes qui, depuis plusieurs mois, se livroient au commerce des actions de Saint-Charles, ont dit après l'avoir lu : « c'étoit bien la peine de l'é- » crire ! Eh ! qui ne voit tout cela du » premier coup d'œil ?

Mais, Monsieur, puisque l'aveuglement est si général, nous avons tous, & j'ai sur-tout, moi, prédicant dangereux, mais ignorant & par cela même excusable, de mensonges & d'erreurs, quelque droit de recourir à vous pour réparer le mal que j'ai fait, pour me redresser, pour m'instruire, pour me convertir.

Votre opinion a trop de poids, elle eſt ſous tous les rapports trop remarquable & trop intéreſſante pour reſter concentrée dans le cercle de vos amis, ou dans celui d'un Miniſtre tout-à-fait étranger aux Banques & ſans doute aux Banquiers. Votre ame ſi profondément pénétrée de l'amour du bien public, doit aimer à ſe répandre. Accourez, Monſieur, les momens ſont précieux ; le danger eſt preſſant ; chaque jour mon livre prend plus de faveur ; chaque jour ajoute au diſcrédit des actions de Saint-Charles.

Mais il eſt juſte, il eſt utile que je détermine autant qu'il eſt en moi l'œuvre que nous attendons de vous ; & je ne puis mieux remplir cette tâche qu'en vous montrant avec les écueils qui vous environnent, les forces que vous avez à détruire.

Depuis que cet homme dont le génie pouvoit tout & dont le courage oſa quelque choſe, a dit à M. Joſſe qu'il *étoit Orfevre*, tout le monde a eu le droit de répéter ce mot à quiconque rapporte tout à son *métier*; & j'ai celui de chercher quel est le *métier* où je dois vous considérer rélativement à mon Livre, puisque selon vous, *les gens du métier n'en feront pas les dupes*, & que selon moi, l'on peut être de vingt *métiers* différens, rélativement aux actions de la Banque dont j'ai combattu l'engouement. D'ailleurs je vous ai dit franchement, moi, quel est mon *métier*; il est juste que je connoisse le vôtre, sans quoi la partie entre nous ne feroit pas égale; cherchons donc; je vous impatienterai, Monsieur, le moins qu'il me sera possible.

Si vous n'aviez fait rélativement aux actions de Saint-Charles que le *métier* de joueur, il est clair qu'alors votre propos n'auroit pas de sens; je me battrois contre une ombre; vous conviendriez vous-même avec toute la grace possible que les gens sensés n'écoutent les joueurs qu'autant que ceux-ci raisonnent; vous n'avez pas raisonné, & vous m'accuseriez d'aimer les victoires faciles...paſſons.

Le *métier* de Négociant vous plaira davantage. C'eſt ſous ce rapport, j'aime à le croire, que vous connoiſſez des repliques à mon Livre. Mais dans quelle claſſe de Négocians voulez-vous vous placer ? Il en eſt à qui leur fortune permet de mettre quelque nobleſſe, je dirai même quelque déſintéreſſement dans le choix des objets de leur Commerce. A de tels Négocians, il ne ſuffit pas qu'un objet de ſpéculation en pays étranger, leur promette par ſa nature des gains quelconques ; il faut encore que l'habileté qu'ils mettent à s'en ſaiſir ne contrarie pas, il faut même qu'elle ſerve les interêts de leur pays ; ils n'entreprennent pas un négoce qu'ils ne l'ayent conſidéré dans ſon rapport avec le bien public. Cette claſſe de commerçans eſt aſſurément la plus honorable. Elle rapproche le Négociant de l'homme d'Etat... Mais, Monſieur, ſi vous vous rangez dans cette claſſe, vous ſerez battu. Que dis-je ? Toute controverſe ceſſera de ce moment entre nous; car il faut bien que vous conveniez qu'aux yeux d'un Négociant patriote, il importe peu si la Banque de Saint-Charles est solide, ou ne l'est pas, si elle est bien ou mal combinée, si elle s'applique judicieusement ou non à l'Espagne, si ses actions sont un gouffre, ou un Perou. Ce qui lui importe, c'est que l'argent François, nécessaire à l'agriculture, au commerce, à l'industrie, aux fonds publics du Royaume, ne soit pas versé dans une Banque étrangere.—Vous en avez versé & fait verser beaucoup, Monsieur, dans la Banque de Saint-Charles. Assurément cette conduite ne sauroit se concilier avec le patriotisme dont je vous parle, ce patriotisme si simple, qu'il n'est pas même remarqué en Angleterre ou en Hollande, où les commerçans sont communément des hommes distingués, & quelquefois des hommes dEtat ?... Passons donc encore.

Que si je vous considére dans la classe des Négocians ordinaires, je suis obligé de faire une nouvelle distinction. Le but principal de tout Commerce, comme celui de prefque toutes les autres vocations de la fociété, c'eſt l'argent, ou ſi l'on veut ennoblir ce mot, la fortune. Un aſſez grand nombre de Négocians, ſoit faute de lumieres, ſoit parce qu'ils ne ſavent point généraliſer leurs idées, ſoit & ſur-tout à raiſon de la multitude & de la variété de leurs affaires, réfléchiſſent peu, & ſe livrent ſouvent à des ſpéculations contraires à leurs principes, quand il faut de l'attention pour appercevoir cette contrariété. Ainſi par exemple, tel Commerçant fait par habitude, par routine, la traite des Nègres, qui frémiroit d'horreur à l'idée d'exercer ſur l'enfant du plus ruſtre de ſes valets, le moins barbare des traitemens qui ſont deſtinés aux hommes qu'il exporte. Et, pour ne pas ſortir de notre ſujet, combien de Négocians ont ſpéculé ſur les actions de Saint-Charles, ſans faire d'autre réflexion que celle du profit qu'on leur promettoit au moment? Mais il ſuffit d'inſtruire ces hommes qui font le bien par inftinct & le mal par inadvertance. Peut-être ne font-ils pas capables de grands facrifices ; mais ils le font moins encore d'enrichir un autre pays aux dépens du leur. Son interêt eft toujours au fond de leur cœur, prêt à furnager au premier mot qui les avertit qu'ils le bleffent. -- Or peu importe encore à ces gens-là qu'on puiffe oppofer des faits & même des raifons à mon livre. Il leur fuffit qu'il puiffe réfulter des conféquences fâcheufes de la fortie de notre numéraire, employé à former le Capital permanent d'une Banque étrangere ; & ces Négociants dont on trouveroit une foule en France, tout attachés qu'ils font à leurs bénéfices, auroient eu honte de me dénoncer, ou même de contredire un livre, qui, fur ce point particulier, eft au moins très-fpécieux. Mais comme à cet égard, je n'ai pas eu le bonheur de faire naître le moindre doute dans votre efprit, je trouve la même difficulté, Monfieur, à vous ranger fous cette

diſtinction dans la claſſe la plus com-
mune des négocians, que j'en ai trouvé à
vous placer dans l'ordre le plus relevé.

Je n'examinerai pas, Monſieur, ſi
vous avez fait ou non, ſur les actions
de St. Charles, le métier de capitaliſte,
de commiſſionnaire, de prêteur ſur dépôt d'actions, &c. &c. Les mêmes diſ-
tinctions reviendroient, parce que tous
ces métiers peuvent s'exercer avec quelque candeur, & ſans nuire à ſon pays
pour en favoriſer un autre. —— Comment trouverai-je donc le métier où
vous pourrez avec vraiſemblance donner votre patriotiſme pour motif de ce
que vous avez dit contre mon Livre,
de ce que vous avez fait contre ma perſonne ?....

Faut-il vous l'avouer, Monſieur ?
cette recherche eſt au-deſſus de mes
forces, & je n'oſe plus par politeſſe,
par décence même, parler des autres
rapports qui ont pu vous inſpirer, qu'*IL Y
AVOIT BEAUCOUP DE RAISONS ET DE
FAITS A OPPOSER A MON LIVRE, ET
QUE*

QUE LES GENS DU MÉTIER N'EN SEROIENT PAS LES DUPES.

Défendez donc votre patriotifme, Monfieur, défendez-le; car fi je dois fuppofer qu'il a dicté votre fentence & vos démarches, il faut que ni moi, ni ce très-grand nombre de Lecteurs à qui mon Livre a été agréable, n'ayons pas pu nous faire une idée de la profondeur de vos lumieres, néceffaire en cette occafion pour conftater la pureté de vos motifs.... Il fera déjà fi beau pour vous, Monfieur, de defcendre dans la lice! C'eft du moins ainfi que je le fens, lorfque je confidere tous les défavantages du terrein fur lequel vous devez combattre.

En effet, & pour parler fans figure, quel homme de bonne foi ne comprend pas que vous ne fauriez être trop févere à vous-même en difcutant mes erreurs, puifque vous ou votre maifon avez les relations les plus intimes avec M. Cabarrus........ Oui, Monfieur, LES PLUS

INTIMES; & je dois vous dire ici ce que j'en ai appris.

Etonné d'un crédit auſſi biſarre que celui des actions de la Banque de Saint-Charles parmi nous & de leur affluence prodigieuſe, je trouvois ce phénomene incomplétement expliqué par la fureur du jeu, ou par l'inconſéquence de nos Agioteurs, & je cherchois ce qui donnoit une ſi longue durée à cette démence, lorſque j'ai entendu parler de nos obligations envers la Banque de St.-Charles & M. Cabarrus ſon pere. « Nous ne ſaurions trop les ménager, » s'eſt-on écrié autour de moi; ce ſont » eux à qui nous devons cette énorme » quantité de piaſtres qui fait abonder » chez nous le numéraire, & qui enri- » chit ainſi la France. M. Cabarrus a » donné plus de 150 millions en piaſtres » au Miniſtre actuel des finances. Quel » ami ! quel bienfaiteur ! Comment per- » mettre qu'une main ſacrilége touche » à ſes autels » !

Vous comprendrez aiſément, Mon-

fieur, que ces ménagemens, cette re-
connoiſſance, cette adoration, ſi je
puis m'exprimer ainſi, me parurent
bientôt ridicules & même abſurdes.....
Car tout tient à l'hiſtoire de vos traités
avec M. Cabarrus, aux avantages que
vous avez obtenus de la Caiſſe-d'eſcompte, c'eſt à-dire, à des relations
tout au moins indifférentes au Royaume,
comme j'eſpere le montrer tout - à -
l'heure.

C'eſt bien ici que je puis dire à mon
tour, en parlant de vous, Monſieur,
que *les gens du métier n'en ont pas été
les dupes....* En effet, s'il eſt démontré
que l'Eſpagne ait un ſolde conſidérable
à payer, ſi elle ne peut le payer qu'a-
vec ſes métaux, ſi une partie de ce
ſolde eſt due à la France, comment
la France ſeroit-elle privée de la part du
numéraire eſpagnol, correſpondante à
ce ſolde? Avant cette Banque de St.-
Charles & ce M. Cabarrus, dont l'exiſ-
tence eſt ſi moderne, ne connoiſſoit-on
pas chez nous lespiaſtres? ne faiſoit-on

aucune fourniture à l'Espagne? n'avoit-on point de commerce avec elle, de solde à en recevoir?

Et pour ce qui est des quantités considérables de piastres excédentes le solde de l'Espagne envers la France, croit-on que leur envoi soit l'effet d'une simple effusion de la bienveillance de M. Cabarrus pour nous? Son intérêt bien constaté (& pourquoi M. Cabarrus seroit-il insensible à son intérêt?) l'oblige à avoir des Parisiens pour banquiers. La Banque de St.-Charles est chargée de verser dans toute l'Europe les balances que les Espagnols doivent à toutes les Nations. Elle trouve son compte à faire de Paris l'intermédiaire de ses versemens : elle répand donc en Hollande, en Angleterre & dans le Nord, des nuées de traites sur Paris, & il faut bien qu'elle envoie ici des piastres pour acquitter ces traites. Mais ces piastres restent-elles toutes en France? non, sans doute ; il n'en reste dans le Royaume que la quantité qui lui appar-

tient pour le folde de fon commerce :
& la Hollande les lui fourniroit au lieu
d'en tirer d'elle, fi M. Cabarrus avoit
pris des Hollandois pour banquiers, ou
fi MM. Hope avoient cru devoir être
les agens de M. Cabarrus. L'argent arrive en grande quantité à Paris ; mais il
en fort à peu près de même ; & il fui-
roit plus rapidement, fi l'or ne fortoit
pas plus vîte encore, & au point que
bientôt il ne nous reftera pas un louis (1).

IL eft impoffible de fe diffimuler que
c'eft à notre commerce, & non à M. Cabarrus, que nous devons les piaftres de
l'Efpagne. La France n'a pas befoin des

---

(1) On peut voir, dans la feuille du Marchand, en
date du 2 Juillet, que les Guinées & Portugaifes qui
font au titre de 22 karats pleins, fe vendoient fur la
Place, le 29 Juin, à 754 liv. le marc.

Les louis d'or ont un quart de kara de remede de
loi, ce qui réduit leur titre net à 21 trois quarts karats ; & par conféquent un marc de l'or dont font faits
les louis, vaut 745 livres 10 fols. Cependant trente
louis pèfent un marc, & n'ont de cours numéraire que
pour 726 livres. Il y a donc environ trois & demi pour
cent à gagner à les fondre. Faut-il s'étonner s'ils deviennent rares ?

B 3

fecours de M. Cabarrus ; c'eft M. Cabarrus qui a befoin des fecours de la France.
L'utilité prétendue de ces piaftres, qu'on
fait traverfer le Royaume, eft une illufion, une chimere. M. Necker & fes
adverfaires n'ont qu'un feul & même
avis fur cette queftion ; il n'y a plus de
partage à cet égard. M. de Bourgade
eft le dernier homme d'Etat qui ait été
la dupe de l'opinion contraire : mais
vous favez, Monfieur, que ce M. de
Bourgade croyoit aux piaftres quarrées ;
qu'il croyoit au papier-monnoie ; qu'il
croyoit à l'importance des banquiers,
& même à leur intelligence.... Jufqu'où
la crédulité de M. de Bourgade n'alloit-
elle pas ? il s'étoit bien trouvé capable
d'être directeur de nos finances.

A la vérité, les relations de M. Cabarrus avec vous, les facilités qu'elles
lui procurent, au moyen de celles que
vous avez obtenues de la Caiffe-d'Efcompte, dont M. votre frere eft Adminiftrateur, font paffer par vos mains,
comme on vient de le voir, les piaftres

nécessaires au paiement du solde qui revient à l'Angleterre, à la Hollande,
à l'Allemagne. Ce transmarchement,
si l'on peut parler ainsi, vous laisse
des bénéfices sans doute importans
pour vous. Mais je vous le demande,
Monsieur, la Nation a-t-elle dû payer
de tant de millions égarés dans les Actions de St.-Charles, cet arrangement
lucratif entre vous & M. Cabarrus ?
Encore une fois, les piastres qu'il vous
envoie nous restent-elles ? & les rever-
semens que nous en faisons chez l'E-
tranger, ne prouvent-ils pas assez que
puisque les Anglois, les Hollandois &
les Allemands les reçoivent par nous,
nous pourrions aussi les recevoir par
eux ?

Oui, Monsieur, rien n'est moins à
craindre pour nous qu'une disette de
piastres, tant que des obstacles au-dessus de la bonne ou mauvaise volonté
de M. Cabarus, & de sa Banque, ne
les arrêteront pas. Il est même certain
que si l'on eût laissé le commerce des

piaſtres à ſon état ordinaire, elles euſ-
ſent beaucoup moins couté à la France,
où elles ſeroient arrivées dans pluſieurs
mains, & avec les avantages que la concurrence aura toujours ſur le monopole.

Ce qui eſt véritablement à redouter,
Monſieur, c'eſt cette grande liaiſon
entre notre Caiſſe-d'Eſcompte & la
Banque de Saint-Charles, dont vous
êtes l'intermédiaire, & qui eſt née de
votre intimité avec M. Cabarrus. La
Caiſſe-d'Eſcompte eſt devenue le point
d'appui qui facilite à cette Banque l'ex-
ploitation de ſon privilége excluſif d'ex-
porter les piaſtres; & certes, il ne ſauroit être indifférent en ce moment d'entrer dans quelques détails à cet égard.

L'effet du privilége de l'exportation
des piaſtres, vous ne l'ignorez pas,
Monſieur; eſt, en empêchant les Négocians Eſpagnols de faire leurs remiſes
eu eſpèces, de les obliger à recourir
à la Banque de Saint-Charles, pour
acheter d'elle les lettres-de-change dont
ils ont beſoin dans l'Etranger.

La Banque a donc continuellement pour des sommes considérables de lettres-de-change à leur fournir; elle les tire sur votre maison, à trois ou quatre mois d'échéance; & cela lui convient; car, obligée de faire le fonds de ces traites avec des piastres, elle doit choisir la place de change où il y a le moins de temps & de risques à courir, pour les y transporter. Or, entre les places importantes qui ont un change ouvert avec Madrid, Paris est, sous tous les rapports, la plus convenable à ces opérations.

D'un autre côté, il vous convient à vous, puisqu'il se trouve, sur la route d'Espagne à Paris, des hôtels de monnoie moins occupés que celui de la Capitale, d'y faire fabriquer en écus les piastres que la Banque de St. Charles vous envoie successivement pour l'acquit de ses traites.

Jusques-là rien de plus simple que cette opération; mais elle exige une exactitude sévere. La Banque est sou-

vent dans le cas de tirer des lettres-de-
change fur vous à l'avance, & diffé-
rentes caufes peuvent fufpendre l'arrivée
des piaftres. Leur expédition eft plus ou
moins retardée ; elles reftent plus ou
moins en route ; elles féjournent plus
ou moins dans les hôtels des monnoies,
où on les convertit en écus.... Auffi eft-il
arrivé plus d'une fois que l'échéance des
traites de la Banque devançoit l'arrivée
des piaftres ; ce qui auroit pu donner de
l'inquiétude ou de l'embarras à la Maifon
de Paris qui avoit accepté ces traites.

C'eft le fentiment de cette inquiétude qui vous a engagé, Monfieur, à
négocier avec la Caiffe-d'Efcompte ; &
vous avez obtenu d'elle qu'en lui re-
mettant le récépiffé d'un Directeur
de monnoies, des piaftres qu'il avoit
à vous, votre Maifon feroit auffi-tôt
créditée de leur valeur, & pourroit,
par conféquent, en difpofer pour le
courant de fes affaires. Vous avez même
obtenu que cette avance ne vous coû-
teroit rien pendant vingt-cinq jours ;

& que pendant quarante - cinq autres jours, elle ne vous feroit comptée que fur le pied de quatre pour cent l'année.

Tel eft, Monfieur, ce grand bienfait pour lequel vous voudriez fans doute que nous prônaffions à l'envi la Banque de St.-Charles & l'augufte Cabarrus! Eh! qui ne voit que vous avez dû défirer, indépendamment de toute autre raifon, que les actions de fa Banque fuffent fans ceffe vantées & recherchées parmi nous, ne fût-ce que pour vous tenir au befoin lieu de ces lourdes piaftres, qui ne voyagent pas fi lefte-ment?.... Ah! Monfieur, ne vous éton-nez pas fi j'ai parlé des difficultés de la tâche à laquelle j'ofe vous inviter. Beaucoup de Lecteurs vous en difpen-feront, je crois, fur ce feul expofé. Quant à moi, qui vous montre avec tant de confiance tous les défavantages de votre fituation, j'attends, non fans quelque impatience, je l'avoue, l'apo-logie de la fentence que vous avez prononcée contre mon Livre, & de celle que vous avez invoquée contre ma perſonne.

Au reſte, Monſieur, je m'abſtiendrai d'examiner par quels accidens la ponctualité qu'exige votre Traité avec la Banque de Saint - Charles & la Caiſſe d'Eſcompte, pourroit être interrompue. Je me perſuade, autant qu'il eſt en moi, qu'une Maiſon expérimentée comme la vôtre a ſu ſe mettre parfaitement à l'abri de tout contretems fâcheux ; qu'elle a enchaîné juſqu'aux circonſtances qui ſemblent le plus indépendantes de toute habileté, de toute prévoyance ; qu'en un mot, elle domine le ſort & les haſards. Mais il faut bien que vous me permettiez de conſidérer abſtraitement les conſéquences de votre Traité avec la Caiſſe d'Eſcompte ; car enfin n'êtes-vous pas mortel ? votre race même ne peut-elle pas finir ? Et ce ſeroit tellement préſumer de la nature humaine, que d'attendre dans deux Maiſons, ou ſeulement dans deux générations ſucceſſives, une preſcience ſi au-deſſus de nos forces, qu'il eſt bon

de montrer combien, dans l'ordre naturel des chofes, les anticipations qui
vous ont été accordées, font irrégu-
lieres & dangereufes pour une Banque
de fecours. Je le dois, Monfieur, oui,
je le dois, puifque je me fuis fi forte-
ment occupé de la Caiffe d'Efcompte ;
&, fi j'ofe le dire, puifque j'ai fait un
Livre utile fur ce qui importe à fa folidité. Graces donc, graces Monfieur, je
vous en conjure, pour cette courte difcuffion.... Ce n'eft, au refte, pas vous
qu'elle laiffera fans intérêt.

On ne fauroit fe le déguifer, Monfieur ; un marché tel que celui que je
viens d'expofer, auroit, aux yeux des
Anglois ; par exemple, ces carac-
teres qui leur font dire, mal-à-propos
fans doute, que des établiffemens du
genre de la Caiffe d'Efcompte ne peuvent pas acquerir de la perpétuité en
France, faute d'efprit public. En effet,
lorfque cet efprit eft compté pour quelque chofe, on ne foule pas ainfi aux
pieds les principes effentiellement né-

cessaires à une Banque, pour mériter la confiance de l'Etat ; on ne fait pas plier au gré du crédit d'un individu, les regles importantes & générales, qui ne font plus que des jeux d'enfans, si elles ne font pas inaltérables.

Tranchons le mot ; M. le Coulteux, comme Administrateur de la Caisse d'Escompte, n'auroit jamais dû se permettre une pareille tentative ; & le succès qu'elle a eu prouve évidemment, ou que l'administration de la Caisse d'Escompte envisage rarement les conséquences de ses opérations, ou que M. le Coulteux la gouverne selon son bon plaisir.

L'établissement de la Caisse d'Escompte est uniquement destiné à l'escompte des lettres-de-change, ou des billets garnis au moins de deux bonnes signatures. Toute autre opération lui est étrangere, tant qu'un statut public & homologué ne la lui permet pas. Il y a plus. Les statuts ne peuvent & ne doivent résulter que d'un examen abstrait de l'objet confidéré dans fes convenances générales, & non à l'occafion du befoin de tel ou tel particulier. Sans cette condition, la délibération n'eft pas libre; les fuffrages y ont été gênés par une influence quelconque. Et cette confidération générale eft fur-tout fans replique, quand il s'agit des demandes que fait à une Compagnie l'un de fes Adminiftrateurs, demandes toujours peu décentes, fi l'avantage ne s'en rapporte qu'à lui feul, & fur-tout s'il lui donne la facilité de faire un monopole.

D'ailleurs, qui ne voit que du fait dont il s'agit, confidéré en lui-même, & fans égard au mauvais exemple qu'il crée pour l'avenir, aux abus, aux partialités auxquels il donne entrée, il dérive un foule de conféquences très-à craindre pour la Caiffe d'Efcompte?

La Maifon de Paris qu'elle favorife accepte les lettres-de-change avant que les piaftres foient en fon pouvoir, en conféquence du crédit qu'elle a donné à la Banque Efpagnole; mais celle-ci ne peut-elle donc pas abufer de ce crédit ? Cette fuppofition eft-elle plus étrange que ne l'auroit été, avant l'événement, celle des billets d'Etat, avec lefquels ce même M. Cabarrus a fait payer les traites tirées fur Madrid dans la dernière guerre ? La Banque d'Efpagne ne peut-elle pas auffi retarder l'expédition des piaftres, & pour trancher le mot, ne peut-elle pas même y manquer ?...... Vous allez vous écrier que je blafphême...... Un moment, je vous prie ; & répondez-moi......... Suppofons que ce foit la Caiffe d'Efcompte qui fe fût obligée de fournir des efpèces à la Banque de Saint-Charles, au lieu d'en recevoir d'elle ; fuppofons que la Banque de Saint-Charles n'eût pu acquitter, à telle échéance, fes engagemens fans les efpèces de la Caiffe d'Efcompte de Paris ; que feroit-il arrivé à la Banque d'Efpagne au mois de Septembre 1783 ?.... Je vous le demande à vous, Monfieur, & à tous ceux qui, comme vous, après avoir épuifé de numéraire

méraire les coffres de la Caiſſe d'Eſcompte, ſollicitèrent & obtinrent la
création d'un papier-monnoie.

Quoi qu'il en ſoit, & détournant
nos regards de ces terribles cataſtrophes,
dont ceux-là n'ont pas le droit de ré-
cuſer la poſſibilité, qui en ont donné
ſi récemment le ſcandaleux exemple ,
les lettres-de-change tirées par la Banque d'Eſpagne, à Paris , ſur MM. le
Couteulx , & acceptées par cette Maiſon en vertu d'un Traité, ſont ordinaire-
ment eſcomptées à la Caiſſe d'Eſcompte;
& en cela, je conviens que cette Banque
ne court que les riſques qu'elle a conſenti
de courir par ſa nature, pourvu qu'elle y
mette de la réſerve. Mais ſi elle y joint
en même tems une avance à la Maiſon
ſur qui les lettres ſont tirées, & cela
uniquement d'après le Récépiſſé d'un
Directeur des monnoies; il eſt évident
qu'alors les riſques de la Caiſſe ſe multiplient bien au-delà des limites que
ſon régime lui a preſcrites. Les Négocians ſavent aſſez juſqu'où la confiance

* C

peut aller entre des perfonnes qui ont
une grande affaire arrangée entre elles,
& qui croient fe connoître. Des cer-
tificats faits par un Directeur des monnoies avant l'arrivée des piaftres, dans
la fécurité qu'elles y feront expédiées
& qu'elles y arriveront infailliblement;
ou même des reconnoiffances fimulées
en tout fens, ne font pas dans la claffe
des événemens qu'il ne faille pas prévoir.
Il en arrive fouvent de pareils, & le malheur de ne pouvoir plus s'en étonner
n'eft que trop fondé fur l'expérience.

D'ailleurs, je le répéte, ces reconnoiffances font loin d'équivaloir au
genre d'effets fur lefquels la Caiffe
d'Efcompte doit avancer fon argent; &
les rifques qu'entraînent de pareils Traités font d'autant plus grands, qu'on ne
les fait prefque jamais que pour des
fommes énormes, telles même qu'il eft
bien peu de Maifons de Commerce en
Europe, & peut-être pas une feule en
France, affez riches pour foutenir une
cataftrophe occafionnée par quelque
grand abus de confiance en ce genre.

Répondrez - vous, Monsieur, ce que vous avez déjà tant dit, que la Caiſſe d'Eſcompte trouve dans votre Traité un avantage qui en compenſe les fâcheuſes conſéquences? Puiſque vos arrangemens lui procurent des paiemens en écus ef-fectifs, au lieu de ſes propres billets?..... Oh! non, Monſieur, cherchez pour moi une autre réponſe, car je prouverai que celle-là eſt abſurde. Les avances que vous fait la Caiſſe ne ſont nullement né-ceſſaires pour lui amener les écus qui ré-ſultent d'une telle opération. Puiſque la Banque de Madrid tire des Lettres de change ſur la Maiſon à laquelle les piaſ-tres ſont expédiées, puiſque ces lettres ſont eſcomptées à la Caiſſe, il faut bien qu'elles y ſoient payées. Et avec quoi, ſi ce n'eſt avec les piaſtres con-verties en écus & qui ſont deſtinées à en faire les fonds?

En vain imaginera-t-on des viremens de parties, des compenſations, ce ne ſera jamais en derniere analyſe, que des routes détournées par leſquelles les écus arriveront un peu plus tard à la Caisse-d'Escompte. Dès qu'il existe des Traites pour l'acquit desquelles on reçoit des especes effectives, il faut que ces especes aboutissent à la Caisse qui escompte ces lettres & qui en est ainsi devenue le véritable propriétaire. D'ailleurs le premier & le plus certain effet des Caisses-d'Escompte, lorsque ces Etablissemens sont devenus les Caisses communes de tous les principaux Banquiers d'une Place, est d'y amonceler les especes à mesure qu'elles arrivent dans les Villes où ces Banques sont établies, & où ces opérations se soldent.

Encore une fois, Monsieur, aussi long-tems qu'il ne vous plaira pas de changer nos idées vulgaires de sagesse & de solidité, aussi long-tems que des faits jusqu'ici inconnus, ne viendront point établir d'autres principes, & vos grandes vues étendre nos regards timides, les hommes de sens ne pourront que conclure avec moi que le Traité par lequel vous avez lié la Caisse d'Escompte de Paris à vos relations avec M. Cabarrus, ne peut pas subsister, & qu'il est de l'intérêt de notre Banque de secours dans tous ses rapports avec le Public, de le résilier d'une maniere assez expresse, pour qu'il ne puisse jamais être cité en exemple (1).

Mais il faut achever, Monsieur, de remplir mes engagemens, & vous rendre facile, autant qu'il est en moi, les explications que je vous demande sur la Banque de Saint-Charles. C'est en mettant sous vos yeux un très-court extrait de mon Livre, & les événemens qui viennent chaque jour à son appui, que j'acquitterai ma promesse. J'espere même vous laisser ainsi peu de chose à faire ; le tems de MM. les Négocians est précieux, comme on voit ; il ne faut pas en abuser. Aussi, Monsieur, n'aurez-vous guère, si vous voulez, qu'à placer quelques mots aux marges, à-peu-près comme des Géné-

____

(1) Voyez sur le Marché de MM. le Couteulx la premiere note de l'Appendix.

C 3

raux vainqueurs répondent aux capitu-
lations que leur propofent de malheu-
reux affiégés forcés de fe rendre.

Un mot de ma Préface me paroît toujours finguliérement vrai : «Tel homme,
» difois-je à propos des illufions de nos
» agioteurs, tel homme qui ne fe per-
» mettroit pas d'acheter une piéce d'é-
» toffe, fans la retourner dix fois, fe livre
» pour des fommes confidérables au jeu
» d'effets dont il ne connoît, fous au-
» cun rapport, ni l'hiftoire, ni la pro-
» priété, ni la nature....» Qu'en penfez-
vous, Monfieur ?... Je n'en fais rien ; mais
je rapporterai à ce fujet un fait ignoré
& très-digne d'être connu.

A la derniere affemblée des Actionnaires de la Banque de St. Charles, tenue
pour la reddition des comptes & pour
le réglement du dividende, M. Cabarrus
étoit embarraffé. Il ne pouvoit pas faire
difparoître à fon gré quelques circonf-
tances contraires au crédit des Actions,

dont il falloit alors encourager le débit par un fort dividende. Or, la source de ces dividendes, de ces bénéfices tant vantés paroissoit équivoque & foible relativement à leur durée. Ne rendre aucun compte étoit un coup de partie : M. Cabarrus en obtint l'agrement, sous le prétexte de ne pas dévoiler un accident, dont la cause, disoit-il, seroit mal interprétée. Une Frégate Françoise, chargée d'aller prendre des piastres à la Havane, pour la valeur de sept millions de notre monnoie, étoit revenue à vuide ; son mandat avoit été protesté ; & la Banque l'avoit remboursé...... Certes, à mon avis, M. Cabarrus n'avoit pas tort de craindre pour une Banque exposée à des remboursemens de ce genre. Mais prenez garde que ce n'étoit-là qu'un prétexte, & que M. Cabarrus avoit bien d'autres raisons de ne pas rendre son compte. Qu'en disent les GENS DU METIER ? .... Les Joueurs Parisiens ont-ils bien réfléchi sur ces faits ? ou même, les en avez-vous avertis?... Mais revenons à mon Livre.

J'ai prouvé, papiers fur table, fans détour, fans équivoque, fans forcer le fens d'un feul mot, que M. Cabarrus avoit trompé le Public fur la deftination de fa Banque; qu'elle fait précifément non-feulement ce qu'elle a dit qu'elle ne feroit pas, mais encore ce qu'elle a hautement condamné, comme étant le malheur de l'Efpagne. Au refte, je conviens que s'il n'eft pas poffible de nier ici la mauvaife foi, il y a, *felon le metier* dont on eft, *bien des raifons & des faits à oppofer* à mon obfervation. Si, par exemple, M. Cabarrus s'eft regardé comme le Médecin de l'Efpagne, il falloit bien embellir le calice pour farder le breuvage.

J'ai dit que la Banque de St. Charles s'étoit mife, pour fon crédit, pour fes valeurs, en un mot, pour les gages de fa folidité, fous la dépendance du Gouvernement Efpagnol. Et les bonnes gens pouvoient me répondre : « La principale

» raiſon de cette dépendance, ce ſont les
» billets d'Etat dont elle s'eſt rendue cau-
» tion; mais la ſomme de ces billets eſt
» modique; le Gouvernement n'en fera
» pas davantage; on peut y compter.
» Dès-lors, avec autant de reſſources
» qu'en a l'Eſpagne, ce qu'elle a créé
» de billets d'Etat, eſt un fardeau bien
» léger auquel vous donnez trop d'im-
» portance ».

Malheureuſement, il n'étoit pas vrai
que le Gouvernement Eſpagnol ne feroit pas davantage de ces billets; &
le lendemain du jour où j'ai publié mon
Livre, les lettres d'Eſpagne ont appor-
té la nouvelle d'une addition remarquable aux billets d'Etat; je dis *remarquable*, en ce qu'elle n'eſt que de 12
millions de notre monnoie. J'avois
donc raiſon lorſque j'affirmois qu'il ar-
riveroit de deux choſes l'une, ou que
le Gouvernement, ſéduit par les facilités
apparentes de la Banque, crééroit de
nouveaux billets d'Etat; ou qu'il anéan-
tiroit la Banque comme inutile. Je n'ai

pas prétendu qu'il feroit les deux chofes à la fois, & je n'ai pas dit que d'avoir fait l'une dût empêcher l'autre ; je ne le penfe pas ; au contraire., Eh bien, la premiere de ces prédictions s'eft véri-fiée, & cela pour un chétif befoin de *douze millions !* ....

Il faut avoir le courage de le dire ; c'eft là un fymptôme bien fâcheux pour l'Efpagne ; & les finances de ce beau Royaume font menacées tout au moins d'empirer, fi un autre homme que le bienfaifant Cabarrus n'en prend pas les rênes ; fi les lumieres ne pénetrent pas jufque dans le cabinet de Madrid. Mais combien de gens hélas ! fe font par-tout le *métier* d'écarter les lumieres, ou d'en arrêter les progrès !

J'ai dit que la Banque de St. Charles étoit loin d'avoir pour elle le vœu de la Nation Efpagnole, & je crois l'a-voir affez prouvé, ne fût-ce qu'en mon-trant la néceffité où cette Banque s'eft trouvée de débiter la plus grande partie de fes Actions hors du Royaume. Ceux qui font *métier* de cultiver leur raifon n'ont pas été les dupes de la jonglerie des Adminiftrateurs de la Banque, lorf-qu'ils cherchoient à faire accroire que ce débit étranger étoit contre leur intention, contre leur volonté même. Au moment où les Directeurs ont été avertis que l'enthoufiafme Parifien s'af-foibliffoit, ils fe font hâtés, & c'eft en-core ici un de ces nouveaux faits dont M. Cabarrus a eu foin d'étayer mon Li-vre; ils fe font hâtés, dis-je, de mettre fur la place le refte des Actions non ven-dues, dont ils avoient menacé de ne fe deffaifir qu'à fur & à mefure, à tant par mois, & toujours en augmentant leur prix. Maintenant ils difent que tous ceux qui en voudront, auront de ces pré-cieufes Actions fans diftinction de pays.

---

(1) Les Lettres de Madrid en ont encore annoncé fix mille, puis dix mille autres, qui, dit-on, avoient été oubliées. Si cela eft vrai il faut convenir que cet oubli eft peu naturel, & peut-être aimera-t-on mieux croire que les Directeurs rapportent fécrétement à la Banque, les actions qui en avoient été tirées par eux dans l'efpoir de les placer en France.

Il en reſtoit 17,000 ; quatre à cinq mille ont été auſſi-tôt placées pour remplir les ordres de l'Etranger, qu'on n'a pas eu le temps de contremander ; les autres ſont à vendre .... Direz-vous, Monſieur, encore qu'au moins on n'a pas baiſſé leur prix ; que pour avoir ces dernieres il faut 2,700 réaux, c'eſt-à-dire 675 livres ? Mais comme *homme du métier*, vous ſavez bien que baiſſer publiquement & à Madrid le prix de ces Actions, eût été une maladreſſe trop groſſiere, qui auroit bien plutôt retardé le débit des 17,000 reſtantes qu'elle ne l'eût accéléré, & qu'à Madrid même on n'en eſt plus à ces élémens.... Monſieur, je vous attends au moment où l'on tentera de revendre aux Eſpagnols les Actions que les Agioteurs François balotent entre eux ; & plût à Dieu que cette époque déciſive pût fournir une preuve contre mon Livre ! nous aurions du moins une occaſion de retirer notre argent des mains des Eſpagnols.

Les Dividendes, les Dividendes !

Allez-vous dire en homme *du métier*; car on sait, Monsieur, combien vous êtes fort sur la théorie des Dividendes... *les Dividendes soutiendront assez le prix des Actions !* ... Je le veux ; mais auparavant ne faudra - t - il pas rendre compte des opérations de la Banque ? Car enfin, un second compte supprimé, ou, si l'on veut, laissé dans les ténebres, seroit une crise mortelle pour le crédit des Actions. Et que nous apprendra ce compte ? que l'exportation des piastres, cette usurpation de la Banque, diamétralement contradictoire à ses principes, a donné moins de bénéfices cette année que la précédente, parce que les retours arrêtés & accumulés durant la guerre, se sont mis l'année derniere à leur niveau naturel. Voilà donc une diminution certaine des profits de la Banque; profits dont elle ne s'est emparée sans doute que parce qu'elle en avoit besoin. Ce n'est pas tout encore ; le prochain Dividende, qui doit produire tant de merveilles, sera principalement formé des bénéfices de la Banque fur fes propres Actions. Ces bénéfices, vous le favez, Monfieur, feront impoffibles à répéter. A la vérité, Law les a prolongés pendant près de deux ans; mais ç'a été en créant fans cefse & fans bornes des monceaux d'Actions nouvelles... Séroit-ce dans fa brillante théorie que les *gens du métier* trouveroient des raifons & des faits à m'oppofer, de quoi n'être pas les dupes de mon Livre, & fur-tout de quoi foutenir le prix de leurs Actions?

Je ne crois pas avoir dit une ineptie en affirmant que les vrais bénéfices d'une Banque, & fur-tout les plus sûrs, font ceux qui réfultent d'une grande émiffion de fes Billets; & j'ai prouvé qu'il étoit impoffible que la Banque de St. Charles mît un grand nombre de Billets en circulation. Je raifonnois alors d'après la nature des chofes. Je puis parler maintenant d'après les faits. — J'ai appris depuis la publication de mon Livre que la Banque ne diftribuoit déjà plus de fes Billets & qu'elle l'a tenté vainement durant quinze jours.... Vous triomphez ici, Monsieur. Puisque la Banque d'Espagne ne peut pas mettre en circulation des Billets, elle a donc bien fait, direz-vous, de se rejetter sur des priviléges, sur des monopoles... Non, Monsieur, elle n'a ni bien, ni honnêtement fait ; elle devoit solder ses comptes, convenir de son erreur, & laisser le sceptre des Finances d'Espagne à des mains plus habiles & plus pures. On fait aujourd'hui ce qu'auroit gagné la France à ce que Law se fût conduit ainsi ; & pourquoi donc faut-il attendre les dernieres catastrophes d'un systême désespéré pour l'abandonner ?

Mais, Monsieur, il est temps enfin de me faire justice, j'ai eu un tort dans mon Livre, & je le confesse ; c'est d'avoir omis de parler de la population de Madrid, siege de la Banque de St. Charles. Ceux qui savent compter y trouvent à peine cent vingt mille ames ; & c'est pour cette population presque sans commerce, & dont l'industrie est étouffée par des causes qu'une Banque ne sauroit raviver, qu'on a jugé nécessaire un capital de soixante-quinze millions !.... Je n'ai vu, Monsieur, & je ne vois encore qu'une nécessité à ce capital ; c'est que plus il y aura d'Actions à vendre, & plus il y aura de profit pour les *gens du métier* qui savent les vendre. Cette raison sans doute étoit très - forte pour l'Auteur de la Banque de St. Charles, mais non pas pour l'Espagne ; & j'ai la bon-hommie de croire que le premier caractere des projets qui tendent véritablement à faire cesser la pauvreté des nations, l'embarras, ou la mauvaise disposition de leurs Finances, c'est de ne pouvoir enrichir ni ceux qui les inventent, ni ceux qui les exécutent.... Au reste, je conçois qu'après cela les *gens du métier* ont bien des raisons & des faits à opposer à mon Livre *pour ne pas en être les dupes.*

En vérité, Monsieur, votre tâche commence

commence à m'effrayer ; plus j'y penfe, & plus je m'affure que vous ne parviendrez pas mieux à juftifier la Banque de St. Charles qu'à donner du prix à fes Actions. J'appréhende pour vous qu'il ne foit trop vrai que cette inftitution eft vicieufe à tous égards, & que des établiffemens tout-à-fait défintéreffés ne foient les feuls qui convinffent à l'Efpagne en attendant la réforme de fes Loix.

Que voulez-vous par exemple que la Banque de Saint-Charles faffe pour l'Agriculteur Efpagnol ? Telle eft fa fituation qu'il ne peut pas trouver d'argent à 10 pour 100 d'intérêt, tandis que la Compagnie des *Gremios* en refufe à 2 & demi pour 100. Ces faits atteftent-ils une difette de numéraire ? Non, fans doute ; mais ils démontrent invinciblement que le Laboureur eft rendu infolvable par les impôts exceffifs dont il eft accablé ! Et la Banque de St. Charles l'en délivrera-t-elle ? Prêtera-t-elle au Laboureur, fans efpoir d'en

D

être remboursée ? Cependant quel autre service reste-t-il à lui rendre ?

Sera-t-elle plus utile aux Manufactures Espagnoles ? Le poids des impôts sur les consommations est tel en Espagne, que la matiere premiere sortant du royaume grévée de droits énormes, **y** revenant manufacturée par les étrangers, & chargée encore de droits d'entrée, y est cependant à meilleur marché que si elle avoit été manufacturée dans le pays. Que peut-on donc en Espagne pour encourager les Manufactures, aussi long-temps qu'on y laissera subsister les impôts indirects, si ce n'est de nourrir gratis les Manufacturiers, & de leur prêter de l'argent sans interêt ? La Banque de Saint-Charles le fera-t-elle ? J'ai peine à croire que les Agioteurs de Paris, de Lyon, d'Amsterdam, de Geneve y donnent leur consentement.

Mais peut-être vous est-il réservé, Monsieur, de nous tirer, de ce labyrinthe ; & j'apperçois le fil qui, sans doute, vous conduira. Notre Law devoit opérer tous ſes miracles avec les tréſors que ſes Compagnies rapporteroient d'au-delà des mers. Le Law de l'Eſpagne réuſſira mieux que lui ſans doute au moyen de ſa Compagnie des Philippines ; & c'eſt apparemment ſur cet objet particulier *que les gens du métier ont des raiſons & des faits à oppoſer à mon Livre.*

Mais cette entrepriſe dans laquelle, Monſieur, on aſſure que la Banque de St. Charles conſacre vingt millions des profits qu'elle a faits en France, au lieu de douze millions qu'elle y avoit deſtinés d'abord ; cette entrepriſe, me paroît toujours, paſſez-moi le mot, une fiction de Roman ; & j'ai une impatience inexprimable de vous en entendre parler. Qu'il me tarde de voir arriver en Eſpagne, ſur le papier s'entend, ces marchandiſes de l'Aſie, qui, ayant paſſé par les Philippines, feront en Europe une guerre victorieuſe de concurrence avec les autres Compagnies, & les dé-

barrasseront d'autant plutôt de la peine
qu'elles prennent depuis si long-temps
de se ruiner par un Commerce direct !
Déja les Gazetiers, les Nouvellistes
de tout genre & sur-tout le Mercure
de France, toujours si profond, si vrai,
si judicieux dans sa partie politique ;
car un politique très-distingué la rédige ;
déja tous ces excellens écrits, qui ne
trompent & ne se trompent jamais,
ne doutent plus des succès vraiment
surnaturels de cette sublime concep-
tion. Mais, Monsieur, hâtez-vous,
hâtez-vous donc ; car vous devez sentir
qu'avant que l'inventaire de la Compagnie des Carraques soit fait, que les nouveaux comptoirs soient établis, que les
vaisseaux de l'entrepôt des trois mondes
soient prêts, les Agens de ce Commerce tout neuf instruits ; que dis-je ?
avant qu'on ait trouvé ce qui est si
rare dans toutes les Compagnies, des
facteurs ou subrécargues fidéles, in-
telligens, exercés, connoisseurs dans
les objets dont l'achat leur est confié ;

avant qu'on soit parvenu à faire réussir ces accessoires sans nombre & sans bornes ; la compagnie des Philippines & ses vastes projets pourroient bien être oubliés. Qui sait même ? ces accessoires sont chers ; la Nation Espagnole est généreuse ; à la façon dont les choses vont dans ce meilleur des mondes, les fonds des Actionnaires pourroient bien être dépensés dans le premier voyage d'Espagne en Amérique, de l'Amérique à Manille, de Manille au Bengale, ou à la Chine. Et prenez-y garde, Monsieur, il n'en est pas de ces entreprises comme d'une Manufacture d'écuelles de terre, dont la premiere mise peut bien coûter cent mille francs, mais qui bientôt exploite des millions de piéces de poteries qui ne coûtent pas mille livres... Hélas ! me disoit l'autre jour un Anversois, j'ai mis beaucoup d'argent dans les Actions de la compagnie de Seville ; tout s'est évanoui, & je n'ai pas même eu la satisfaction de savoir comment,

D 3

tant on a de confidération pour les étrangers en Efpagne !

Il eft bien d'autres objets traités dans mon Livre, fur lefquels votre difcuffion doit s'étendre. Si, par exemple, j'ai balbutié des erreurs fur le tour adroit qu'a joué M. Cabarrus aux Banquiers étrangers, pour leur endoffer des billets d'Etat pendant la derniere guerre, vous daignerez les détruire, Monfieur : cela eft d'autant plus néceffaire, que c'eft-là un fait public & notoire ; & fi je l'avois altéré, je me ferois fouillé d'une calomnie auffi groffiere que coupable. Mais j'efpere qu'on me foupçonnera difficilement d'une pareille fottife ; car fuffé-je méchant, il faudroit bien ne favoir que dire au milieu de tant de faits prouvés & répréhenfibles, pour s'abaiffer à calomnier.

Ce que j'ai avancé fur le numéraire de l'Efpagne, fur fon intérêt à ne pas laiffer avilir les métaux, fur l'impropriété d'une Banque dans un pays où l'induftrie n'eft pas étouffée par la difette des moyens d'échange , mérite aussi votre attention , Monsieur ; car si vous avez bien lu mon Livre , vous aurez vu que ce n'est pas l'ensemble de mes objections qui tue la Banque de Saint-Charles ; c'est chacune d'elles en particulier : de sorte que si vous ne les détruisez pas toutes , vous n'arriverez jamais à votre grand but , celui de maintenir en France le commerce des actions de cette Banque , & de le défendre contre l'accusation d'ignorance , de légéreté , d'inconséquence , & sur-tout d'avidité personnelle , à la voix de laquelle tout patriote éclairé est sourd , ou plutôt que tout bon citoyen se doit de repousser.

Je ne saurois trop vous le répeter , Monsieur , j'ignore dans quel sens vous avez dit *que les gens du métier ne feront pas les dupes de mon Livre.* Je fais comme un chasseur , je bats les buissons , & cela donne à ma Lettre un air de désordre… N'importe , si vous daignez me répondre méthodiquemenr,

la vôtre n'en fera que plus claire. Vous
y rendrez fenfible comment les cinquante millions fortis de France pour
paffer en Efpagne, ne font qu'un prêt
que nous faifons à nos bons alliés, qui
nous les rendront bientôt avec libéra-
lité.... Je fais que les Agioteurs nous
le promettent, mais hélas ! leur véritable emblême n'eft-il pas cet élégant
mercure que M. Cabarrus a fait deffi-
ner fur les Actions de fa Banque, &
qui s'envole aux yeux des fpectateurs....
dirai-je dupés ?....Non, Monfieur, pas
encore, ce feroit trop anticiper fur le
dénouement. Paffez - moi cette obfervation peu férieufe. Tout ce qui eft
forti des mains du Law Efpagnol eft
fi vifiblement marqué au coin du char-
latanifme, qu'il eft impoffible de ne
pas l'y reconnoître prefque dans fes
moindres traces........ Ici même, où
nous ne laiffons pas que de favoir vendre l'orviétan, nous exprimons tout
fimplement, en caractères d'impri-
merie, ce qu'une Action doit porter.

M. Cabarrus a fait des siennes une ma-
gnifique estampe, chargée de toutes les
allégories de Plutus. Les enfans se ren-
dent à la puissance des images; & combien de fois par jour ne sommes-nous pas
tous des enfans? Mais enfin n'y en eût-il
que cent qui dussent céder aux images
de M. Cabarrus, ce n'est pas une sottise
que d'avoir songé à ces cent enfans.
Aussi j'espere bien que les *gens du métier* proposeront d'enluminer la seconde
édition; car ne vouloir pas être dupe
avoisine assez le projet d'en faire......
Pardon, Monsieur, ce n'est pas moi
qui révele ce secret du *métier*, c'est
notre naïf & judicieux Montaigne.

Je pourrois terminer ici ma Lettre
déjà trop longue, sans doute, pour les
innombrables affaires & les pensers pro-
fonds qui vous occupent; mais comment passer sous silence la puissance de
votre opinion sur la nature de la Banque de St.-Charles, sur la valeur de
ses Actions, sur l'Espagne, sur son
commerce, son numéraire, ses intérêts,

ſes Compagnies, ſur M. Cabarrus, ſur les priviléges & les monopoles dont il ſe montre ſi friand, ſur les vaſtes conceptions que ſes coups d'eſſai promettent..... Vous ſeul en ſavez le ſecret ; daignez deſcendre juſqu'à nous en inſtruire ; vous qui, appartenant à toutes les Compagnies, devez ſi bien les connoître ; vous qui réuniſſez tant de relations & de fonctions, d'intérêts & de devoirs ; vous déjà célèbre ou digne de l'être par des ſuccès ſi rares, ſi extraordinaires......

Affecte qui voudra de ne rien admirer ! Pour moi, je l'avoue, je ne ſuis pas encore revenu de cette fameuſe Requête préſentée au Roi au nom des Actionnaires de la Caiſſe-d'Eſcompte, qui ne vous en avoient pas chargé. A la vérité cette Requête nous a valu, par la plus incroyable ſurpriſe faite à la religion du Prince & de ſes Miniſtres, le fameux Arrêt du 24 Janvier ; cet Arrêt, dont j'ai dit que Dieu même ne ſauroit le rendre juſte dans son effet rétroactif (1); cet Arrêt, à l'ombre duquel on voit se rouler dans la fange du mépris, des hommes qui foulent aux pieds des engagemens positifs & sacrés, dans l'opinion que la justice humaine ne pourra pas les atteindre; des hommes dont les noms devroient être affichés aux portes des bureaux de tous les Commerçans, de tous les gens d'affaires pour leur en fermer l'entrée, & qu'il ne tiendra pas à moi, d'arracher à leur obscurité native pour les condamner à une renommée éternelle, digne rétribution de ces lâches déhontés, qui n'ont de courage que pour braver l'infamie.

Mais, Monsieur, plus leur cause est odieuse, & plus votre requête est apparemment un tour de force sublime.

____

(1) Et remarquez que, comme je l'avois bien prédit, l'Arrêt ne subsiste que dans sa force rétroactive; puisque l'on fait, autant que jamais, des marchés à primes, & qu'il s'est engagé beaucoup de paris très-considérables sur les derniers dividendes.

Au refte, je dois vous apprendre que
ceux qui la lifent aujourd'hui, fe demandent ce que vous avez voulu dire
fur le jeu, fur fes conféquences, fur la
follicitude que vous avez montré, en
faveur des fujets du Roi & de leur
fortune compromife. « Quoi ! s'écrient-
» ils , c'étoit donc pour laiffer le
» champ plus libre à un jeu effréné &
» vraiment infenfé fur les Actions de
» S. Charles, que M. Lecouteulx de la
» Noraye a fupplié S. M. au nom des
» Actionnaires de la Caiffe-d'Efcompte
» qui ne l'en chargeoient pas, de dé-
» fendre le jeu fur les dividendes de
» cette Banque nationale, d'annuller
» les marchés déjà faits? C'étoit pour
» inonder lui-même le Royaume d'Ac-
» tions étrangeres»!... Certes, Monfieur,
cette inconféquence eft un peu forte;
& croyez-moi, votre honneur vous
ordonne de la juftifier : oui, votre honneur. Souffrez que je vous le dife : les
hommes importans , fe renferment un

peu trop dans le myftere de leur fcience
& de leur infaillibilité. Ils ne difcu-
tent point ; rarement ils permettent
aux autres de difcuter : & lorfque par
hafard on éleve quelques doutes fur
leur doctrine, ou leur geftion, ils ne
répondent point, ils blâment ou prof-
crivent fans defcendre à motiver leur
conduite. Comment les fimples mor-
tels parviendroient-ils jamais à fortir
des ténebres de l'ignorance ? Crever
leurs yeux débiles, ou les couvrir
d'un triple bandeau, c'eft tout ce qu'on
daigne leur accorder de foins. Hélas !
quand faura-t-on donc que fi Dieu dai-
gnoit defcendre fur la terre pour gou-
verner les hommes, & qu'il renonçât à
fa toute-puiffance, de les repétrir à fon
gré, lui-même ne pourroit fe difpenfer
d'avoir recours à l'inftruction, fans laquelle les Adminiftrateurs & les peu-
ples ne marcheront jamais d'un pas
égal, & fe retrouveront toujours dans
la confufion des langues ?

Quoi qu'il en puiffe être, convenez

du moins, Monsieur, que pour peu qu'on ait des prétentions, pour peu qu'on juge à propos d'agir dans un rapport direct avec la chose publique, & que non content de ses affaires naturelles & ordinaires, on veuille y associer une influence jusques sur l'Administration même, en doit instruire & discuter : & sur-tout on doit motiver ses raisons & sa conduite, lorsqu'on blâme ou qu'on proscrit ceux qui, dédaignant l'obscurité, ou, si vous voulez, la prudence de l'anonyme, cherchent, non à influer, mais à associer le bon sens & la raison à tout ce qui peut devenir national.

C'est dans cet objet, auquel tendront éternellement mes efforts (& non dans aucun dessein de rivaliser avec vous, Monsieur; car qui pourroit être assez téméraire ?), que je ne puis résister à la tentation de vous dire encore un mot sur la Caisse-d'Escompte.

Depuis que mon Livre fur cet Etabliſ-
fement a reçu le fceau de l'approbation la plus univerſelle, il devient in-
téreſſant de ſavoir pourquoi il n'a pas
obtenu la vôtre ; (car c'eſt ſans doute
qu'il ne l'a pas méritée), & pourquoi
vous vous hâtâtes , à l'inſtant où il
parut , d'aller avec MM. les Adminiſtrateurs vos Confreres , ſolliciter ma
punition? Puiſque cette ſatisfaction vous
a été refuſée , il auroit été au moins décent de publier les raiſons qui vous por-
terent à la demander. Je les ai vainement
cherchées , & ſi vous ne prenez pas la
peine de vous expliquer , je crains bien
qu'on ne puiſſe en trouver d'autres ,
ſinon que la vérité vous a griévement
offenſé.... mais laiſſons là toutes ces
vaines paroles ; allons au fait , & veuillez nous expliquer , Monſieur , *comment le mouvement perpétuel de l'agiotage eſt néceſſaire à la vie des Actions
de la Caiſſe-d'Eſcompte.* Non-ſeulement
ces mots ſont ſortis de votre bouche
& de votre plume ; mais ils paroiſſent

le réfumé de votre théorie ; & ce principe , bafe éternelle de vos réfolutions
perfonnelles , l'eft auffi de celles que
vous infpirez à l'Affemblée générale
des Actionnaires.

Je croyois , Monfieur , que la valeur
des Actions de la Caiffe - d'Efcompte
fe déduifoit de la nature de cet établiffement , de la folidité de fes opérations , du revenu qu'on peut raifon-
nablement en attendre. Je croyois que
cette maniere de la déterminer étoit
d'autant plus favorable à la Caiffe ,
qu'elle s'écartoit de toute exagération,
& que l'exagération étant le principal
moyen des Joueurs , ne peut fuggérer
aucun principe de juftice , de bon ordre & de bien public. Je croyois.....
mais je ne veux pas répéter mon Livre ;
je veux feulement vous montrer par
les faits combien ce pitoyable but
d'entretenir le Jeu fur les Actions de
la Caiffe - d'Efcompte produit des réglemens propres à jetter cette Banque

de

de secours dans des desordres très-graves.

Dans l'Assemblée générale du 21 Juin, on a arrêté des réglemens pour être offerts à la Sanction Royale. L'Arrêt du 16 Janvier l'ordonnoit ainsi, & vouloit que ces réglemens opposassent une telle barriere à l'agiotage des Actions, que l'intérêt des Agioteurs ne pût pas influer dans la fixation des dividendes. Il s'agissoit de donner au Dividende une base fixe & de déterminer une méthode qui, en réglant l'accroissement des dividendes, pourvût à des économies suffisantes autant que la prudence humaine peut s'étendre. A-t-on rempli ce but par la méthode actuellement adoptée ?

Cette méthode consiste à prélever sur les bénéfices une somme égale à 5 pour 100 du capital réel des Actions. Cette levée formera le Dividende fixe. Le surplus doit être partagé en deux parts ; l'une pour être ajoutée au di-

E

vidende fixe ; l'autre pour être mife en réferve , & quand ces réferves feront arrivées à une certaine fomme , elles doivent êire jointes au capital réel des Actions : ce procédé fe répétera fucceffivement, & s'il eft poffible, jufqu'à la confommation des fiécles.

Tout cela feroit à merveille, Monfieur, fi ce bel arrangement n'étoit pas uniquement fondé fur votre hypothèfe favorite ; c'eft - à - dire fur celle des Joueurs : à favoir qu'on ne doit fuppofer que des bénéfices & jamais de perté.

Un certain homme qui a le tort grave d'avoir fouvent raifon, & de ne pas céder volontiers lorfqu'il a raifon , ce certain homme peu complaifant pour vous Meffieurs & apparemment beaucoup plus inftruit dans le calcul des probabilités, n'en déplaife à votre théorie des chances, ofa dans l'affemblée du 21 Juin demander aux Adminiftrateurs comment on feroit, fi dans le cas où les bénéfices , ne pouvant fuffire au Dividende fixe déterminé par le rérglement, & le fonds de réferve fe trouvant épuifé en paffant dans le fonds capital permanent, ou de toute autre maniere, il ne refteroit pas de quoi former un Dividende ?

Meffieurs vos confreres voulurent répondre ; mais vous vous empârates de la parole avec le noble fentiment de votre fupériorité qui vous fuit par-tout, & après un farcafme légérement lancé fur le pefant obfervateur, qui, comme on voit, n'avoit que du bon fens, vous dites ces propres mots ! » Rien » n'eft plus aifé que de réfoudre la » difficulté qu'on nous propofe. DE LA » MÊME MANIERE QUE DES FONDS DE » RÉSERVE AUROIENT ÉTÉ CONVERTIS » EN CAPITAUX PERMANENS, CES CAPI-» NAUX PERMANENS REDEVIENDROIENT » DES FONDS DE RÉSERVE..... O fublime & profonde théorie ! qu'ils feroient nouveaux & intéreffans les dévélop-pemens qui te juftifient ! ...... Meffieurs vos confreres, ne les connoiffent pas fans doute, car ces capitaux tout-à-la-fois permanens & non permanens, leur ont paru fi difficiles à comprendre, qu'à l'inftant même, ils vous ont défavoué Monfieur.

Il ne reftoit plus qu'une reffource contre ce délire, & nous devons à la fageffe du Miniftre dont l'efprit conciliateur a cru devoir vous laiffer marcher fans lifieres, & n'a pas voulu vous demander un réglement plus complet ; nous lui devons, dis-je, une meilleure réponfe que la vôtre à l'objeçtion très-raifonnable & très-fimple qui vous étoit faite. L'Arrêt qui homologue le réglement dont il eft ici queftion, a mis obftacle au plus dangereux des abus qui naiffent de fon imperfection. Il a déterminé *que l'accroiffement fucceffif qui fera fait au Capital des Actions ne pourra être entamé. Le fupplément, eft-il dit dans le préambule, qui feroit néceffaire pour maintenir le taux du Dividende, ne devant jamais être pris que sur ce qui restera en réserve* (1).

Mais où prendra-t-on ce *supplé-ment*, s'il vous plaît, quand il ne restera rien en réserve ? Certes, je ne vois ici que la bourse de MM. les Actionnai-res qui doive pourvoir au supplé-ment ; & il faut convenir qu'elle est faite pour cela ; il seroit trop injuste d'entamer des capitaux dont la per-manence & l'augmentation devien-nent tous les jours plus nécessaires pour répondre de la solidité d'une caisse,

---

(1) Voilà encore un des salutaires effets de l'in-tervention de l'autorité dans l'Administration de la Caisse-d'Escompte. Et qui niera que cette interven-tion ne soit devenue nécessaire pour mettre le capital de cette Banque à couvert des altérations que l'ingénieux système de M. de la Noraye pouvoit y causer.

La Caisse-d'Escompte est une Commandite & les capitaux de toute Commandite sont le gage de la confiance qu'on lui accorde. Le public dont la Caisse est constamment débitrice, ne connoît que ses capi-taux. Les exposer à une diminution, sans qu'il y ait une regle pour la réparer au moment même, c'est ne faire aucun cas de la confiance publique ; c'est vouloir se fonder sur des illusions ; c'est vouloir que le Public ait les mêmes vues que les Marchands d'Actions. *Au reste voyez le dernier réglement à la suite de cet Ouvrage.*

qui, depuis la crife de 1783, ne s'enfle que par une fuite des opérations les plus extraordinaires.

Je vais maintenant vous montrer que vos dividendes, pour la ftabilité de l'augmentation defquels il étoit prudent & même décent de tout faire ; (or toute augmentation conftante fuppofe lenteur & uniformité) je vais vous montrer, dis-je, que vos dividendes deviennent d'une incertitude tout-à-fait propre à baiffer confidérablement le prix actuel des Actions, du moins auprès de tout homme qui ne dédaigne pas de faire entrer la raifon & la prévoyance dans fes calculs.

Je n'ignore pas que MM. les Adminiftrateurs difent que tous les jours ils fe refufent à efcompter beaucoup de lettres - de - change , & qu'ils en concluent que les profits de la Caiffe iront toujours en croiffant. Mais à quel homme de fens cette conclufion intéreffée pourroit-elle en impofer ? L'efcompte des lettres - de - change feroit très - chetif, qu'encore refuferoit-on d'en efcompter ;

car il n'y a aucune raison qui puisse
faire escompter les lettres qu'on ne juge
pas bonnes. D'ailleurs, dans le moment
actuel, tant d'autres motifs peuvent oc-
casionner ces refus, qu'ils ne prouvent
absolument rien en faveur de la masse
d'affaires à laquelle la Caisse peut pré-
tendre. La multitude des circulations
dont le jeu extravagant sur les Actions
de tout genre, est l'unique base, peut
fort bien empêcher beaucoup de lettres-
de-change très-bonnes & très-recom-
mandables par leur objet, de trouver
grace devant MM. les Administrateurs;
& sans rappeler ici ce que j'ai dit dans
mon Traité de la Caisse d'Escompte,
sur le choix des lettres-de-change, &
sur l'application des secours de cette
Banque, je crois fermement que beaucoup de lettres-de-change ne font re-
fusées que parce qu'on en escompte
trop d'autres, parce qu'on craint de ne
pas laisser assez de place à la Caisse d'Escompte pour les lettres qui viennent de
l'immense circulation entre Madrid &

E 4

(72)

Paris, devenue néceſſaire au Commerce des Actions de Saint - Charles & des piaſtres ; & je le crois parce que c'eſt une conſéquence néceſſaire du ſyſtême de favoriſer le jeu ſur les Actions, ſyſtême dont MM. les Adminiſtrateurs ne ſe cachent plus.

Ces circonſtances m'autoriſent à penſer, avec tous les Calculateurs véridiques & prévoyans, que le *maximum* des bénéfices de la Caiſſe d'Eſcompte ne ſauroit être eſtimé plus d'un million par ſémeſtre, ſans ſuppoſer, en même-temps, qu'il y ait derriere les opérations actuelles qui doivent & qui ne ſauroient trop tôt prendre fin, d'autres opérations plus ſages qui les remplaceront, ce qui eſt difficile à croire ; non relativement à la ſageſſe, car il ne peut y avoir qu'à gagner à cet égard pour la Caiſſe d'Eſcompte : mais relativement aux ſommes que les premieres de ces opérations tiennent en circulation.

Toutes fois, je ſuppoſe avec MM. les Adminiſtrateurs qui l'ont déclaré dans leur assemblée du 21 Juin, que la Caisse gagnera dorénavant un million par fémeſtre, l'un portant l'autre ; je ne compte point les bénéfices du fémeſtre écoulé ; je ne le connois pas (1). Mais outre que ce fémeſtre eſt affecté au-delà de votre attente par l'excès du jeu ſur les Actions de St-Charles & ſur les eaux de Paris ; ſes bénéfices réſultent d'ailleurs d'un eſcompte prolongé à quatre & demi pour cent contre toute juſtice & contre les engagemens de la Caiſſe d'Eſcompte envers le Public. Or cet emploi doit être réduit au taux de la paix, c'eſt-à-dire, à quatre pour cent dès le mois où nous ſommes ; du moins j'oſe encore eſpérer cet acte de décence & de juſtice..... (2).

Suppoſons donc un million de bénéfices par fémeſtre, & voyons ce qui, dans cette hypotheſe, doit réſulter du dernier Réglement.

---

(1) Voyez la Note II de l'Appendix.
(2) Voyez la Note I de l'Appendix.

L'Action est maintenant considérée comme un capital de 3000 liv. Le dividende fixé à cinq pour cent sur le capital sera donc de 150 liv. Partant, ce dividende déduit d'un million laissera encore 250,000 livres de bénéfices à disposer. Suivant le Réglement, on doit partager cet excédent entre les Actionnaires & le fonds de réserve ; mais tout ce qui ne donnera pas une somme ronde de dix livres pour la part des Actionnaires, devra être porté sans partage au fonds de réserve.

Ici donc il y aura 100,000 liv. pour les Actionnaires, & 150,000 liv. pour le fonds de réserve.

Dès que le fonds de réserve aura atteint trois millions & demi, il en sera retiré une somme de deux millions & demi pour être ajoutée au fond capital. Or comme il y a déjà deux millions & demi au fonds de réserve, cette opération se fera en trois ans & demi, & durant ce terme, le dividende sera de 170 liv.

Après cette opération qui aura lieu en 1788, l'Action sera considérée comme un capital de 3500 liv.; & le dividende de cinq pour cent, que le Réglement lui attribue, montera à 175 livres; mais alors aussi il ne restera que 125,000 liv. de bénéfices, excédent à partager entre les Actionnaires & le fonds de réserve. Par la clause des dix livres, on ne pourra donner de cet excédent, que 50,000 livres aux Actionnaires, & 75,000 liv. seront mises au fonds de réserve. Il y restoit un million; ainsi au bout de dix-sept ans environ, ce million, croissant chaque sémestre de 75,000 liv. arrivera à trois millions & demi; & pendant dix-sept ans, le dividende sera de 185 liv.

Ce sera donc en 1805 que le capital de l'Action atteindra la valeur réelle de 4000 liv.; & le dividende étant fixé par votre Réglement à cinq pour cent, sera de 200 liv.

Mais cinq mille Actions à 200 liv. font un million : le bénéfice présumé ne laiffera donc plus d'excédent à partager, plus de fonds de réferve à faire , plus rien en faveur des Actionnaires & du prix des Actions. Tous les événemens feront contre eux, puifque ce million fuffira jufte pour payer le dividende de chaque Action.

Que fi au lieu d'un million de bénéfice, vous ne fuppofez que 950,000 livres, (& remarquez que cette fuppofition eft toujours bien forte) prenez vous-même la plume, Monfieur, & calculez. Vous arriverez au réfultat vicieux de porter le capital de votre Action à 4000 livres, & de ne pouvoir lui attribuer qu'un dividende de 190 l. c'eft-à-dire, inférieur de dix livres à la fixation de cinq pour cent du capital faite par votre Réglement.

Et fi vous voulez fuppofer un gain plus fort d'un million, & le porter à un million cinquante mille livres, prenez encore la plume , & calculez. Vous arriverez à un dividende de 180 l. jufqu'à la fin de 1788 ; de 185 livres

jusqu'en 1799 : depuis lors, le capital de l'Action étant porté à 4000 l.
& le dividende par conséquent à 200,
vous n'aurez plus que 50,000 livres
par sémestre pour parer aux événemens
sinistres d'une Caisse obligée à soutenir
des affaires immenses, puisqu'elle a besoin, pour ne pas reculer, de gagner
uu million net de frais & de perte à
chaque sémestre.

Voilà les résultats, Monsieur, où
l'on apperçoit, avec la clarté de l'évi-
dence, combien l'Administration de
la Caisse d'Escompte a été égarée par
la fureur de maintenir un jeu bizarre
& désordonné sur les Actions, au mépris des avis que lui donnoient des
Hommes trop éclairés, trop perspica-
ces, pour que les Agioteurs puissent les
aimer. Vous avez négligé une méthode
dont l'effet eût assuré une marche cons-
tante aux Actions, &, ce qui est
bien essentiel, jamais rétrograde, pour
en substituer une dont l'effet est une
incertitude continuelle, une ressource

intariffable pour animer le jeu le plus obfcur, le plus trompeur, & une difpofition toujours active à groffir les dividendes, fans égard aux regles de la prudence, & à la permanence de la Caiffe, dont les Adminiftrateurs devroient être inceffamment & pardeffus tout occupés.

Et ne penfez pas qu'un dividende plus fort que je ne le fuppofe pour le fémeftre écoulé, fût un argument victorieux contre mes calculs. Les élans brufques & furnaturels amenent bientôt une diminution inattendue de forces ; & la Fable du Lievre & de la Tortue eft d'autant plus applicable ici que fous plus d'un rapport la Tortue devoit être l'emblême de la Caiffe d'Efcompte.

Comment n'avez-vous pas fenti que ces dix pour cent d'intérêt annuel que vous obligez la Caiffe d'Efcompte à donner aux Actionnaires, pour chaque fomme dont leur capital s'accroîtra, détruiront à la fin toutes les économies imaginables? Eh ? que ne vous demandiez-vous à vous-même, Monfieur, fi vous accorderiez du crédit à une So- ciété de commerce, dont les Affociés vous déclareroient qu'ils préleveront annuellement dix pour cent fur leurs capitaux & fur la moitié de leurs béné- fices amoncelés ? Vous auriez bientôt trouvé dans votre propre réponfe, qu'il feroit impoffible que des Capitaliftes priffent aucune confiance dans un fonds expofé à fe difcréditer ainfi par la na- ture même de fes Réglemens.

Cependant c'eft fur les convenances des Capitaliftes qu'on prétend eftimer les Actions de la Caiffe d'Efcompte. Il falloit donc leur donner une valeur moins orageufe ; il falloit fur-tout ne pas montrer cette foif maladroite de hauts dividendes, qu'aux yeux du Mi- niftre on fait paffer pour une crainte charitable de voir, fi l'on ne les fou- tient pas, beaucoup de fpéculateurs ruinés, tandis que chaque jour, ces mêmes perfonnes auxquelles on paroît porter un intérêt fi tendre, fe mettent dans une position plus ruineuse.

Inftruifez-moi donc, Monfieur, ou plutôt répondez-moi; fi vous ne me permettez pas de conclure que le dernier Réglement demandé, & obtenu par l'Affemblée générale des Actionnaires de la Caiffe d'Efcompte, eft très-défavorable à la hauffe des Actions, & ne peut que leur donner déformais une marche rétrograde, fans avoir même l'avantage de modérer le jeu. Je fens bien qu'on tentera toute forte d'efforts pour s'oppofer à la baiffe des Actions ; que cent arrangemens feront pris pour les foutenir ; mais, Monfieur, croyez-en un homme qui n'a pas l'honneur d'être affez favant pour mettre les illufions à la place des réalités : il n'y a de bons arrangemens que ceux qui ne contrarient pas la nature des chofes; il faut qu'à la fin tout céde à la nature des chofes (1).

____

(1) Et prenez garde que la fanction du Gouvernement, l'homologation annexée au dernier reglement,

J'ai

J'ai discuté votre Réglement dans l'hypothèse d'un million de bénéfices, & de cinquante mille livres de plus ou de moins. C'est assurément les estimer plutôt au - dessus qu'au-dessous de ce qu'ils feront. Les Marchands d'Actions n'en conviendront pas ; mais qu'ils se donnent la peine de développer, comme moi, leur opinion par écrit, qu'ils nous disent si nous pouvons toujours compter sur une aussi grande abondance de numéraire que celle qui a eu lieu dans ces derniers temps, s'ils ont jamais vu la place de Paris occupée d'autant d'affaires ; qu'ils nous disent, ce qui remplacera cet agiotage excessif sur les Actions de la Caisse d'Escompte, sur celles de la Banque de Madrid, sur celles des eaux de Paris ; & s'ils pensent que cet agiotage, qui crée &

ne rassurera pas les Capitalistes autant qu'on le pourroit croire. Le gouvernement a pensé & dû penser à la sûreté du gage, c'est-à-dire aux capitaux, & non aux succès d'Actionnaires & d'Administrateurs ivres de cupidité.

F

renouvelle fans cesse une prodigieufe quantité de papiers de circulation , doive & puisse durer ; qu'ils daignent nous dire enfin fur quelle bafe cette durée feroit assife : car jufqu'à préfent il eft impossible à un homme fenfé d'imaginer rien de plus frêle & de plus précaire.

Les Actions de la Caisse d'Escompte n'ont encore aujourd'hui qu'une valeur réelle de 3500 liv. , (favoir 3000 liv. de capital primitif, & 500 liv. provenant du fond de réserve entamé à la vérité, depuis 18 mois , mais assez légérement pour qu'on puisse le réputer comme entier dans les réfultats) ; & après 20 ans , en admettant qu'il n'y aura point d'augmentation de frais , point de perte , point de concurrence , elles rendront 200 livres , & leur capital réel fera alors de 4000 livres. Veut-on que ces 4000 liv. foient payées 8000 livres? À la bonne-heure encore , malgré l'abfurdité ; mais prouvez-nous donc que c'eft bien la peine de fe confumer en efforts dangereux & malhonnêtes, pour foutenir le prix exceffif d'un effet qui doit fubir l'épreuve de vingt années avant de valoir moitié en fiction, moitié en réalité, 8000 liv.? Sont-ce là des affaires bien folides, des affaires qui puiffent durer (1)?

Encore une fois, Monfieur, je vous en conjure, au nom de vous-même & de la patrie, defcendez dans l'arêne, ou plutôt montez dans la tribune aux harangues. Vous devriez avoir déjà tant d'or; dérobez quelques inftans au foin de votre fortune. Oui, Monfieur, vous pouvez aujourd'hui, fans danger pour elle, vous abandonner à votre ame civique; rappellez-vous ce vers heureux d'un ancien.

Enrichis toi d'abord, Riche, parle en Romain (2).

Donnez-nous donc des réponfes préci-

---

(1) Voyez Appendix, note III.

(2)   *Spoliis auroque repletus cum libeat; Romanus eris* —— Claudian.

F 2

ses à tant d'allégations , de preuves , &
d'objections. Donnez-nous des notions
saines sur la Banque de St. Charles ,
sur ses relations avec la Caisse-d'Escompte de Paris , & sur celles de votre
maison avec l'une & l'autre de ces
Compagnies. Saisissez cette occasion
de nous expliquer votre conduite &
vos procédés dans vos divers *métiers*
de Commissaire de la Caisse-d'Escompte , d'homme d'État, de Banquier.

Et certes, ce n'est pas sous ce dernier
rapport que vous aurez le moins d'ins-
tructions à nous donner ; puisqu'il s'a-
git, veuillez ne pas l'oublier, Monsieur,
de nous faire comprendre comment
vous enrichissez la France par le seul
transit des piastres que la Banque de
Madrid vous charge de verser en Hollande , en Angleterre & dans le Nord,
& comment même vous augmentez
directement la masse de notre numéraire en inondant nos villes d'Actions
de Saint - Charles , pour lesquelles
nous avons payé ou nous devons à la

Banque cinquante millions de livres qui alimenteroient peut-être à présent l'industrie Françoise, si M. Cabarrus & vous n'aviez pas imaginé de les employer, plus utilement, sans doute dans le papier - monnoie de l'Espagne. On avoit déjà dit que le plus petit Fabriquant de Lodeve ou de Louviers qui parvient par son industrie à augmenter d'une seule balle de draps l'exportation de nos manufactures, produit un effet plus réel sur l'accroissement de notre numéraire que les Banquiers les plus habiles. Mais ce qu'on n'avoit pas imaginé encore, & dont vous deviez être le premier exemple, comme vous en serez probablement le dernier Apologiste, c'est qu'un Banquier homme d'État, pourvu que ses intentions soient bien pures, son esprit bien droit & ses vues bien patriotiques, étoit capable de diminuer à lui seul dans six mois le numéraire de la France, d'une somme plus grande que toute l'industrie de la nation ne pourroit y en attirer dans une année. C'eſt un témoignage qui prouve à la fois, Monſieur, & l'étendue de vos opérations, & leur prodigieuſe utilité.

Souffrez au reſte qu'avant de finir, je faſſe une obſervation bien ſimple, & qui ſera peut-être utile à vos parti-ſans. Ils n'y penſent point aſſez, Monſieur, le fanatiſme peut gâter la plus belle des cauſes. Tantôt, renfermés dans votre infaillibilité qui cependant ne nous eſt encore connue que par leur révélation; tantôt, donnant l'eſſor à leur enthouſiaſme, ils prodiguent les gros mots & n'énoncent pas une raiſon contre ceux qui different d'a-vis avec vous. Par exemple, ils ont accuſé le Livre ſur la Caiſſe-d'Eſ-compte d'être un libelle, & ſans doute ils feront le même honneur à cette Lettre.... Un libelle, bon Dieu! un libelle!.... D'abord, jamais libelle ne porta un nom, & ſi j'oſe le dire un nom aſſez connu... Enſuite, voyez donc combien de choſes j'aurois pu di-

re (non pas en faisant un libelle, les mé-
chans même, lorsqu'ils ont un peu d'esprit, dédaignent d'en faire ; & vous autres, Aristocrates de Banque, ne prenez
apparemment pas mes Livres pour des
bêtises imprimées , puisque vous les
attribuez tantôt à un homme d'un esprit rare & d'un mérite distingué , &
tantôt à un autre homme , dont vous-
mêmes ses ennemis implacables , re-
connoissez les talens supérieurs & la
profonde habileté en Finances) ; combien donc j'aurois pu dire de choses,
non pas en faisant un libelle , mais
seulement en écartant le scrupule qui
m'a fait repousser de cet ouvrage toute
considération particuliere dont il auroit
pu recevoir la teinte de la personnalité,
si défavorable lorsqu'elle n'est pas nécessaire.

Relisez cet Ecrit, Monsieur ; aussi bien
pourroit-il vous aider un jour à diriger
la Caisse d'Escompte : relisez-le , & vous
conviendrez qu'il étoit impossible d'être
plus mesuré que je ne l'ai été. Vous con-

viendrez que ceux qui m'ont dé-
noncé d'abord au Roi, puis aux Miniſtres, enſuite au Public, dans de petits
Ecrits bien clandeſtins, pour un homme
qui ne reſpecte rien, étoient, indépendamment de leur lâcheté, tout au moins
auſſi ridicules que ce je ne fais quel
Lalanne, couſin de M. Cabarrus, qui,
le ſoir même de la journée fatale où
j'ai oſé lancer dans le monde mon dernier Volume, courut demander juſtice
au Lieutenant de Police, à qui bientôt
on demandera l'extrême-onction à ce
que je m'aſſure........

Oh ! qu'ils ſont inſenſés, ceux qui
croient que les gens en place pourroient,
quand ils le voudroient, étouffer la vérité ! comme ſi tous les efforts contre elle
ne la réhaufferoient pas ! comme ſi l'homme qui l'aime avec énergie n'avoit pas,
dans cette paſſion même la force néceſſaire pour agiter d'un trait de
plume les Puiſſances de la terre ! Oui,
Monſieur ; ils ſont bien inſenſés ; & ce
n'eſt qu'en faveur de leur abſurdité

qu'on peut oublier les coups lâches &
perfides qu'ils portent dans les ténè-
bres !

Souffrez que je finiffe, par l'affurance
fincère de tous les fentimens que vous
méritez, une Lettre où vous voudriez
bien trouver la fignature de M. Pan-
chaud, & qu'en confcience cependant, & par juftice pour lui & pour
moi-même, je dois encore figner.

MIRABEAU.

A Paris, 13 Juillet 1785.

APPENDIX.

NOTE I.

Sur la suppofition que le taux de l'efcompte fera remis à quatre pour cent.

DEPUIS que j'ai écrit ma Lettre il s'eft tenu une affemblée générale des Actionnaires de la Caiffe d'Efcompte; on y a rejetté prefqu'à l'unanimité des fuffrages, la propofition de réduire le taux de l'Efcompte de $4\frac{1}{2}$, à 4 pour $\frac{0}{0}$, attendu que cette réduction étoit *contraire* à l'intérêt des Actionnaires, & *indifférente* à l'Adminiftrateur des finances.

Quant à la premiere de ces raifons, mes Lecteurs voudront bien fe rappeller qu'il y a ici deux intérêts; celui des Actionnaires abftraitement parlant, & celui des Marchands d'Actions.... L'intérêt des Actionnaires confidéré abftraitement, eft tout entier concentré dans l'utilité de la Caiffe, parce que fon utilité eft la meilleure caution qu'elle puiffe avoir de fa permanence. Mais pour un établiffement public dont le fort dépend de fon utilité, ce n'eft pas affez que d'être utile, il faut l'être le plus poffible; fans quoi la lice refte ouverte aux concurrens qui fauroient mieux faire.... Et je ne comprends pas, je l'avoue, comment l'aiguillon de l'agiotage, qui a tant produit de théories ingénieufes fur les dividendes, n'a pas fait fentir aux Actionnaires de la Caiffe-d'Efcompte qu'un métier qui leur vaut près de deux millions par an, pourroit trouver des imitateurs malgré la parfaite indifférence du fiecle pour tout ce qui eft profit & argent.... Il n'eft donc pas vrai qu'il foit de l'intérêt des Actionnaires de conferver le taux de l'Efcompte à $4\frac{1}{2}$ pour $\frac{0}{0}$, pendant que la Caiffe peut encore gagner beaucoup en le baiffant à 4. C'eft imaginer qu'on a un privilége exclufif, & qu'on peut-en abufer contre le Public, que de faire de femblables arrêtés.

Quant à l'intérêt des Marchands d'Actions, comme il n'eft fondé que fur la probabilité qu'une illufion durera un peu de temps, & que tous fe flattent de mettre ce temps à profit, il eft clair que les facrifices qu'il faut favoir faire à la permanence n'intéreffent les Marchands d'Actions que d'une maniere trop générale pour qu'ils la fentent. Ils raifonnent, à l'égard des Actions qu'ils veulent vendre inceffamment, comme les gens fans poftérité fur les futurs contingens de leur fortune. Après nous, difent-ils, après nous le déluge; & ce mot odieux eft, comme on voit, auffi peu propre à la confervation de la Caiffe d'Efcompte qu'à celle de la Société. C'eft précifément pour avertir le Gouvernement & le Public du danger de l'infouciance des Marchands d'Actions à l'égard d'un éta-

[93]

bliſſement dont la conſervation, ſous ce point de vue national, eſt utile, que j'ai fait mon ouvrage ſur la Caiſſe-d'Eſcompte. Je ne m'attendois pas que peu de jours après ſa publication, l'Aſſemblée générale prendroit à tâche de donner une démonſtration ſi ſimple, ſi évidente de la néceſſité de mon Livre... J'en remercie Meſſieurs les Marchands d'Actions, comme je dois des remercimens à M. Cabarrus, d'avoir fortifié par de nouveaux faits ma théorie ſur ſa Banque.

Mais j'avoue que ſi je comprends la petite politique des Marchands d'Actions, je ne comprends pas qu'ils aient oſé dire que la baiſſe du taux de l'Eſcompte ſoit *indifférente* à l'adminiſtrateur des finances. Tout ce qui tend à faire baiſſer le taux de l'intérêt eſt ſi important, ſi néceſſaire, ſi fécond en conféquences heureuſes pour le Royaume, ſous quelque rapport qu'on enviſage ces intérêts, que je ne puis croire à cette indifférence. Les raiſons qui ont valu à la Caiſſe-d'Eſcompte la protection du Gouvernement, ne ſubſiſtent-elles donc plus ? Auroit-on découvert un nouvel ordre de vérités ſur ſon influence & ſur ſon utilité qui change toutes les notions reçues ?

Le marché entre la Caiſſe-d'Eſcompte & Meſ-ſieurs Lecouteulx a été confirmé dans la même Aſſemblée, tant les lumieres y ont été vives & ſûres.

M. de la Noraye est parvenu à se faire prier par une assemblée générale composée de 12 ou 15 Administrateurs & Commissaires ses Collégues, & d'une trentaine d'Actionnaires, dont les sept huitiemes étoient les Associés, les Commis ou les Cousins de ces mêmes Administrateurs, ou des Escompteurs tremblans du refus qu'on feroit de leur papier : Il est parvenu, dis-je, dans une telle assemblée à se faire prier de ne pas résilier un marché qui a paru aux Administrateurs, comme leur papier-monoye de Septembre 1783, un Pérou pour la Caisse-d'Escompte ; mais *les gens du métier n'en seront point les dupes*, & quoique, dans le torrent de son éloquence défensive, M. de la Noraye ait été réduit pour soutenir son systême, à supposer que, sans lui, le gouvernement des Pays-Bas, se rendroit faux monoyeur, & s'aviliroit à faire fabriquer à Bruxelles des Ecus à l'effigie du Roi de France, il est resté constaté tout comme auparavant, que ni M. Cabarrus, ni M. de la Noraye, ni la Caisse-d'Escompte, ne peuvent donner à la France que les Piastres qui lui appartiennent naturellement, à moins qu'ils ne fassent une création de cinq à six mille Actions de la Caisse-d'Escomte au capital de trois mille livres comme les anciennes, & qu'ils ne persuadent à M. Cabarrus de s'en charger au prix de huit mille livres chacune. Ce ne seroit après tout qu'un prêté rendu, & le bénéfice de cinq mille livres par Action sur toutes celles qu'on placeroit ainsi, viendroit bien à propos au secours du dividende sur celles qui existent déjà. Cela s'est pratiqué ainsi par la Banque de Saint-Charles en Janvier dernier, & cela se pratiquera probablement mieux encore en Janvier prochain, si l'on réussit à vendre les dix-sept mille Actions que cette Banque s'étoit réservées, & qui completent la premiere création de cent cinquante mille Actions annoncées par M. Cabarrus. Il est vrai qu'il s'est ménagé dans la cédule d'en créer de tems en tems quelque petite quantité encore, & qu'on a promis à la Banque toutes les amplifications de facultés dont elle pourroit avoir besoin ; ainsi l'on peut espérer que nous n'en chômerons pas.

Au reste la discussion du marché de MM. le Coulteux a manifesté un fait curieux...... ont payé treize mille & quelques centaines de livres pour l'intérêt à 4 pour $\frac{0}{0}$ des avances de la Caisse, par delà les vingt-cinq jours dont ils peuvent en jouir gratis, & l'objet du marché s'est élevé·à vingt millions jusqu'au 30 Juin dernier. Mais ces treize mille & quelques cens livres sont égales à l'intérêt de six jours sur vingt millions. Or six jours sont à 13200 liv. comme vingt-cinq jours sont à 55000 l. La Caisse a donc sacrifié 55000 liv. à MM. Lecouteulx pour la commodité de leur marché avec la Banque d'Espagne;.... c'est-à-dire, pour que les piastres nous venant par une seule Maison, nous coutassent plus cher que si elles nous fussent venues par plusieurs; ou en d'autres termes, pour procurer à l'Espagne un plus grand prix de ses piastres qu'elle n'en auroit tiré sans cet arrangement entre MM. Lecouteulx & la Caisse-d'Escompte.

Ce n'étoit donc pas assez que de dire, comme on l'a fait dans la derniere Assemblée générale, que les avantages de ce marché sont chimériques pour la Caisse; il falloit ajouter qu'elle fait pour ce marché une dépense inutile;.... & j'espere que M. de la Noraye me saura gré de la douceur de cette note, après les idées qu'elle réveille.

N O T E I I.

Sur les bénéfices du sémestre écoulé.

IL n'est pas plus aisé, depuis l'Assemblée générale de Vendredi 8 Juillet, où le rapport des bénéfices a été fait, de s'en former une idée nette, qu'il ne l'étoit auparavant. L'Administration éleve même à ce sujet une prétention dont le succès fourniroit un article curieux à l'histoire de la Caisse-d'Escompte.

Lors de la crise de 1783, on crut, & avec raison, devoir faire environner de plus près l'Administration par les Actionnaires, & l'on statua le réglement qui ordonne une nomination de Commissaires pour vérifier les comptes qui seront mis par l'Administration sous les yeux de l'Assemblée générale de la Caisse-d'Escompte, avant la fixation du dividende (1). Maintenant, sous le prétexte de l'existence des Commissaires, MM. les Administrateurs refusent les éclaircissemens que les Action-

______

(1) *Voyez* l'art. XII du Réglement homologué par Arrêt du Conseil du 23 Novembre 1783, p. 164 de mon Livre de la Caisse-d'Escompte. Cet article est textuellement plus fort que nous ne le rapportons ici ; ainsi l'on peut espérer que nous n'en chamerons pas.

naires leur demándent féance tenante , fur les comptes qui leur font préfentés : enforte que fi un Actionnaire a befoin d'un éclaircissement, foit pour faire une propofition , foit pour en examiner une, foit pour fe rendre raifon d'un fait, foit pour donner une indication fpéciale aux Commiffaires examinateurs , il en eft privé. On lui répond : « Nous n'avons rien à vous dire ; les Commiffaires » examineront tout, vérifieront tout » ; & peu s'en faut qu'on n'ajoute : *Certainement MM. les Commiffaires rapporteront que tout eft bien.*

Mais a-t-on donc oublié que ces Commiffaires, dont la création date de Novembre 1783, époque peu glorieufe pour l'Adminiftration de la Caiffe-d'Efcompte, n'ont pas été imaginés pour anéantir les droits que poffédoient déjà les Actionnaires ? qu'ils l'ont été au contraire pour les aider à infpecter les parties les plus cachées de l'Adminiftration intérieure, & fur-tout à reconnoître fi les réglemens font foigneufement obfervés? La Loi de Novembre 1783 fut une loi de défiance, & généralement applaudie comme telle. Il feroit affez adroit aux Adminiftrateurs d'avoir converti cette communication active ordonnée entre eux & leurs commettans en une barriere infurmontable ; & ils y feroient parvenus, fi l'ufage s'établiffoit de refufer tout éclaircissement aux Actionnaires affemblés ,

parce

parce qu'alors les Adminiftrateurs, vrais defpotes de l'Affemblée, pourroient faire élire pour le commiffariat leurs freres, leurs coufins, leurs affociés, leurs agens mêmes, & les récompenfer d'un apprentiffage de huit jours par une maîtrife de huit années, c'eft-à-dire, par des places d'Adminiftrateurs. Mais fi rien de tout cela n'exifte encore, ils dédaigneront fans doute de profiter de tous ces avantages; chacun voit combien il feroit abfurde de craindre que ces fuppofitions fe réalifaffent, & pour fe raffurer, il ne faudroit que vérifier les dernieres nominations. Efpérons donc que les Commiffaires expliqueront d'eux-mêmes aux Actionnaires:

1°. L'état actuel du compte des pertes, qui, au fémeftre de Janvier dernier, indiquoit une défalcation de 104,000 liv. à faire fur les bénéfices.

2°. L'état actuel du fonds de réferve, qui n'étoit pas encore porté au complet de 2,500,000 livres, quoique l'Arrêt du 23 Novembre 1783, le fuppofât déjà de cette fomme.

3°. Pourquoi, fi la perte de 104,000 liv. n'eft pas compenfée, on differe cette opération, puifque cette perte n'eft plus douteufe depuis dix huit mois ?

4°. Pourquoi le compte du porte-feuille ne monte qu'à 25,738 livres, tandis qu'au dernier fémeftre il s'élevoit à 203,792, quoique dans ce

G

fémeftre-ci on ait efcompté treize millions de lettres-de-change de plus que dans le précédent? Il
eft naturel de croire qu'il doit être reflé au 30 Juin
plus de lettres-de change dans le porte-feuille qu'il
n'en reftoit au 31 Décembre dernier. Le contraire
peut fans doute s'expliquer ; mais il peut auffi y
avoir une erreur : ..... & d'ailleurs il n'eft pas indifférent de connoître toutes les combinaifons,
toutes les proportions que l'expérience manifefle ;
on s'éclaire toujours davantage.

5°. Pourquoi il y a eu une grande diminution
de frais ? Ce peut être matiere d'éloge pour MM. les
Adminiftrateurs ; mais ce peut être auffi matiere
à réflexion.... Les infinimens petits ne font plus
à négliger depuis le dernier Réglement. Par exemple, il ne faut que la plus petite fomme de plus
ou de moins dans les frais pour décider fi un dividende fera de dix livres de plus ou de dix livres de
moins ; & dix livres de plus dans un dividende ne
font pas une bagatelle aux yeux des joueurs. Suivant leur théorie, ces dix livres en font vingt par
an , & vingt livres font à cinq pour cent l'intérêt
de quatre cens liv. Il ne tiendroit donc dans tel
réfultat donné, qu'à renvoyer de payer un compte
de vingt livres au fémeftre fuivant , pour faire
valoir l'action quatre cens livres de plus. Or, on
n'a pas encore propofé qu'il fût défendu à MM. les
Adminiftrateurs de faire en aucune maniere le
commerce des Actions.

NOTE III.

Comparaison du sort de deux Spéculateurs, dont l'un auroit choisi d'acheter des Actions de la Caisse-d'Escompte, tandis que l'autre auroit placé son argent dans le dernier Emprunt.

Comme tout est comparaison, sur-tout en matiere de finances, j'ai jugé qu'il ne seroit pas inutile pour faire appercevoir la différence qui sépare les effets de la prudence d'avec ceux de l'agiotage dans les placemens d'argent, de comparer ici le sort de deux spéculateurs, dont l'un auroit choisi d'acheter des Actions de la Caisse-d'Escompte, tandis que l'autre auroit placé ses fonds dans le dernier Emprunt.

Si le premier achete trois Actions de la Caisse-d'Escompte, à 7500 livres, il débourse 22500 liv. S'il les garde vingt-cinq ans, son argent lui rendra, en ne supposant aucun accident dans un si long intervalle, environ 5 p. $\frac{o}{o}$ par an, au moyen des Dividendes. Si au bout de ce terme il veut vendre ses Actions, la supposition la plus avantageuse ne sauroit lui en promettre plus de huit mille livres; car alors le capital réel ne sera que de 4000 liv., & le Dividende de 200 liv.: notre spéculateur aura donc gagné, dans vingt-cinq ans, 1500 liv. sur ses trois Actions.

Si l'autre Spéculateur, au lieu d'Actions, achette vingt-cinq Reconnoiſſances du dernier Emprunt, il débourſera 25000 l., plus une prime de 4 p. $\frac{0}{0}$; mais je ne compte pas cette prime, parce qu'il eſt dû ſix mois d'arrérages, & que d'ailleurs j'ai ſuppoſé auſſi les Actions de la Caiſſe-d'Eſcompte à un plus bas prix que le cours actuel, qui eſt de 7650 liv., le Dividende payé.

Que ces vingt-cinq Reconnoiſſances correſpondent aux vingt-cinq ſéries dont l'emprunt eſt compoſé, le Spéculateur recevra néceſſairement chaque année un rembourſement qui, indépendamment du coupon annuel de 5 p. $\frac{0}{0}$, deſtiné à lui tenir lieu d'intérêt, accroitra ſon capital de 8800 livres.

Qu'il place ces 8800 l. à l'intérêt ſimple de 5 p. $\frac{0}{0}$, à meſure qu'elles lui rentreront, elles s'accroîtront au bout de vingt-cinq ans juſqu'à 12730 liv.; & ajoutant à cette ſomme le rembourſement de ſon capital, il aura acquis en tout à la vingt-cinquieme année 37730 livres.

Mais la miſe en fond du Spéculateur ſur les Actions de la Caiſſe-d'Eſcompte, n'eſt que de 22500 liv., tandis que celle du Spéculateur ſur l'Emprunt eſt de 25000 liv. Il faut donc, pour comparer les deux produits, déduire un dixieme ſur le produit des 25000 liv. placées dans l'Emprunt. Diminuons, ſur ces 37730 liv. qu'aura acquis le Spéculateur en billets de l'Emprunt, un dixieme du total, ou

3773 liv., & le capital sera réduit à 33957 liv.

Comparons maintenant, avec ce capital, le produit des 22500 liv. placées en Actions de la Caisse-d'Escompte, & devenues 24000 livres, le reste qui est de 9957 livres, sera la plus value de' de 22500 liv. placées en billets d'Emprunt plutôt qu'en Actions de la Caisse-d'Escompte. Celui qui achette de l'Emprunt de cent-vingt-cinq millions a donc réellement un avantage de près de 45 p. $\frac{o}{o}$ sur celui qui achette des Actions de la Caisse-d'Escompte. Voilà ce qu'il étoit bon d'apprendre aux honnêtes peres de famille. Au reste, voyez le calcul à la suite de cette note.

Et quelle différence encore dans la solidité des deux placemens! L'Emprunt ne renferme rien de fictif, rien de subordonné; sa base est toujours la même; elle est fondée sur la foi publique, c'est la dette de la Nation françoise. On peut, dès le moment qu'on achette les Reconnoissances, calculer son bénéfice & y compter; tandis que les Actions, de la Caisse-d'Escompte, très-solides sans doute quant à la partie réelle de leur capital, tant que cette banque sera conduite avec sagesse, sont sujettes à mille vicissitudes dans la partie fictive de ces Actions, c'est-à-dire, dans la moitié, au moins, des huit mille livres qu'on suppose qu'elles vaudront encore dans vingt-cinq ans.

Il est vrai que l'imagination peut créer ce qu'il

G 3

lui plaît fur la Caiſſe-d'Eſcompte, & lui faire un jour conquérir le Pérou par des viremens de parties ; tandis que l'Emprunt eſt une regle de Barême, à laquelle le jeu le plus ſéduiſant ne peut rien ajouter.

Mais lequel vaut le mieux, de la regle de Barême ou du pot au lait des joueurs ? M. le Couteulx de la Noraye nous le dira, ſi M. Law & tant d'autres ne nous l'ont pas déjà ſuffiſamment appris.

J'ai cru ce rapprochement d'autant plus utile, que le Public, éclairé fur la véritable valeur des Actions la Caiſſe - d'Eſcompte, peut aiſément reconnoître que de même qu'une hauſſe inſenſée dans le prix des Actions n'a rien ajouté au bénéfice permanent de la Caiſſe-d'Eſcompte, ni à la ſolidité de ſon crédit, de même le retour du prix des Actions à un taux plus modéré n'auroit rien qui dût effrayer ni le Public, ni les véritables Actionnaires, & qu'il eſt bon de prévenir, ainſi les effets de l'alarme que les marchands d'Actions ne manqueront pas de répandre, lorſque cette portion de leur propriété, que j'ai déjà appellée leur rêve, commencera à s'éva-porer.

TABLEAU des augmentations de capital & de leur emploi, dans le cas du placement en reconnoiſſances de l'Emprunt de 125 millions.

ANNÉES.	Somme rembourſée pour chaque reconnoiſſ. de 1000 liv.	Augmentation de capital à replacer.	Année de jouiſſance du replacement	Intérêt que ces replacemens donneront.	
1ʳᵉ	1150 liv.	150 liv.	24 ann.	330 liv.	
2ᵉ	1150	150	23	322	10
3ᵉ	1150	150	22	315	
4ᵉ	1200	200	21	410	
5ᵉ	1200	200	20	400	
6ᵉ	1200	200	19	390	
7ᵉ	1250	250	18	475	
8ᵉ	1250	250	17	462	10
9ᵉ	1250	250	16	450	
10ᵉ	1300	300	15	525	
11ᵉ	1300	300	14	510	
12ᵉ	1300	300	13	495	
13ᵉ	1350	350	12	560	
14ᵉ	1350	350	11	542	10
15ᵉ	1350	350	10	525	
16ᵉ	1400	400	9	580	
17ᵉ	1400	400	8	560	
18ᵉ	1400	400	7	540	
19ᵉ	1450	450	6	585	
20ᵉ	1450	450	5	562	10
21ᵉ	1450	450	4	540	
22ᵉ	1500	500	3	575	
23ᵉ	1500	500	2	550	
24ᵉ	1500	500	1	525	
25ᵉ	2000	1000		1000	
		8800		12730	

Rembourſement de capital 25000

37730

Diixième à ôter pour égaler la première miſe à celle des Actions 3773

33957

Produit de trois Actions vendues à 8000 liv. 24000

Bénéfice à employer 22500 l. en reconnoiſſances de l'emprunt de 125 millions, au-delà de celui qu'il y auroit à employer la même ſomme en Actions de la Caiſſe d'Eſcompte, ci 9957

Faiſant plus de 44 ¼ pour cent.

I V.

ARRÊT

DU CONSEIL D'ÉTAT

DU ROI,

Portant homologation du Réglement des Actionnaires de la Caiſſe-d'Eſcompte, pour la fixation du Dividende.

Du 26 Juin 1785.

Extrait des Regiſtres du Conſeil d'Etat.

VU par le Roi, en ſon Conſeil, la délibération priſe en l'Aſſemblée générale des Actionnaires de la Caiſſe-d'Eſcompte, le 21 du préſent mois, tendante à obtenir de Sa Majeſté l'homologation du Réglement propoſé par les Adminiſtrateurs, & adopté par le vœu général de l'Aſſemblée, pour la fixation du Dividende : Sa Majeſté ayant reconnu, par le compte qu'Elle s'eſt fait rendre de ce Réglement, que d'un côté il préſente une baſe modérée pour le Dividende, & que d'un autre côté, par la miſe en réſerve de la moitié des bénéfices excédans cette bafe, il procure un accroiffement fucceffif au capital des Actions, lequel dans aucun cas ne pourra être entamé, le fupplément qui feroit néceffaire pour maintenir le taux du Dividende, ne devant jamais être pris que fur ce qui reftera en réferve; Elle a jugé que ces difpofitions ne pouvoient qu'affurer de plus en plus la folidité de cet établiffement, & qu'elles méritoient le fceau de fon approbation. A quoi voulant pourvoir : Ouï le rapport du fieur de Calonne, Confeiller ordinaire au Confeil royal, Contrôleur général des finances; Le Roi étant en son Conseil, a homologué & homologue le Réglement délibéré en l'Affemblée générale des Actionnaires de la Caiffe-d'Efcompte, le 21 du préfent mois, pour la fixation du Dividende de ladite Caiffe; ordonne qu'il fera exécuté felon fa forme & teneur, & que copie d'icelui demeurera annexée au préfent Arrêt.

Fait au Confeil d'Etat du Roi, Sa Majefté y étant, tenu à Verfailles le vingt-fix Juin mil fept cent quatre-vingt-cinq. *Signé* le Baron de Breteuil.

RÉGLEMENT

Pour la fixation du Dividende, *délibéré par l'Assemblée générale des Actionnaires, du 21 Juin 1785.*

ARTICLE PREMIER.

POUR fixer le Dividende du sémestre courant & des suivans, à raison de cinq mille Actions, on commencera par prélever sur les bénéfices réalisés, c'est-à-dire, après la déduction des frais & de l'escompte, sur les Lettres du porte-feuille non-rentrées, dans la forme adoptée par le compte du sémestre de Janvier 1785, cinq pour cent du capital actuel & futur des Actions; lequel taux servira toujours de base pour la fixation des Dividendes : on ajoutera à cette base la moitié de l'excédant des bénéfices, l'autre moitié sera jointe à la réserve actuelle, ainsi que les fractions qui se trouveront donner moins de Dix livres dans la moitié à répartir au Dividende.

II.

LORSQUE les fonds réservés se monteront à Trois millions cinq cens mille livres, il en sera joint Deux millions cinq cens mille livres au fonds capital des Actions, qui sera alors de Trois mille cinq cens livres pour chacune ; & toutes les fois qu'ensuite les fonds qui resteront en réserve se monteront encore à Trois millions cinq cens mille livres, il en sera joint pareillement Deux millions cinq cens mille livres au capital des Actions, qui, en conséquence, seront de nouveau augmentées de cinq cens livres pour chacune.

I I I.

DANS le cas où les bénéfices d'un semestre ne produiroient point pour Dividende Cinq pour cent du capital des Actions, il sera pris sur la réserve de quoi le porter à ce taux.

I V.

ON comptera dans les bénéfices d'un semestre, ce qui aura été recouvré pendant le cours d'icelui, des créances qui auroient été distraites comme douteuses les semestres antérieurs.

Arrêté en l'Assemblée des Actionnaires, signé & annexé à la délibération de cejourd'hui vingt-un Juin mil sept cent quatre vingt-cinq.

Certifié véritable & conforme au regiftre des délibérations des Assemblées générales de la Caisse-d'Escompte, & au projet de Réglement arrêté & signé par les Actionnaires en Assemblée générale,

par moi Secrétaire général de la Caiffe-d'Efcompte.
A Paris, ce vingt-un Juin mil fept cent quatre-
vingt-cinq. *Signé* DEVILGRUIS.

Vu & approuvé au Conseil d'État du Roi, Sa
Majefté y étant, tenu à Verfailles le vingt-fix Juin
mil fept cent quatre-vingt-cinq. *Signé* LE BARON
DE BRETEUIL.

POST-SCRIPTUM.

LES événemens se multiplient, & mon activité que soutiennent des intentions bien pures & des circonstances bien bisarres, mon activité suffit à peine à remplir la mission que je me suis donnée, & que l'opinion publique semble avoir daigné me confirmer ----- Depuis que cette Lettre, écrite & imprimée en huit jours, & qui, sans les stériles (1) mais prodigieux efforts de MM. le Couteulx, l'eût été en six ; depuis que cette Lettre est abandonnée à la presse, il est arrivé des Courriers de Madrid, & il s'est tenu une nouvelle Assemblée de la Caisse-d'Escompte. Tel est le double objet de ce court *Post-Scriptum* pour lequel je demande quelqu'attention.

Les 13,000 Actions, qui restoient à

______

(1) Si pourtant M. de la Noraye consent à appeller *stériles* les momens de délai qui lui ont valu ce *Post-Scriptum.*

la Banque de Saint-Charles , parce que nul Efpagnol n'a voulu les acquérir , viennent d'être vendues à des Amateurs françois qui étoient allés à Madrid les acheter , & qui n'ont pas voulu revenir les mains vuides.

Elles ont été payées en Lettres de change fur Paris à raifon de 675 livres chaque Action. Voilà donc encore à-peu-près neuf millions de capitaux françois placés dans la Banque d'Efpagne. Dira-t-on à préfent que M. Cabarrus envoie toujours des Piaftres en nature pour faire les fonds des Lettres de change tirées par la Banque de Saint-Charles fur Paris ? Dira - t - on que l'Efpagne a peu d'objets d'exportation , & qu'elle ne paie fes foldes qu'en métaux ? Y a-t-il rien de moins métallique que cette maniere de folder , non avec des piaf-tres effectives , mais avec des eftampes enluminées ? Encore fi nous ne recevions de cette monnoie que pour ce qui eft dû à la France , nous pourrions à la rigueur nous contenter de ces images , mais

M. de la Noraye lui-même convient qu'il eſt chargé de faire paſſer les ſoldes dus par l'Eſpagne à la Hollande, à l'Angleterre & à l'Allemagne ; dans ces pays-là, il faudra des eſpeces réelles; les piaſtres feront-elles donc pour eux, & les Actions pour nous ? Et ſi par événement nous prenons pour plus d'Actions qu'il ne nous eſt dû de ſolde, la France trouvera-t-elle ſon compte à payer la balance par l'exportation de ſes Louis?

En attendant que M. de la Noraye & Conſorts levent nos doutes ſur cette matiere, ils nous apprendront que leur marché avec la Caiſſe-d'Eſcompte n'en eſt que plus avantageux pour elle : que ce n'auroit été la favoriſer qu'à demi que de lui donner toujours des Ecus qui auroient fini par encombrer ſes Caiſſes : que leur bienfait ſignalé n'aura de réſultat complettement utile qu'autant que MM. le Couteulx procureront encore à la Caiſſe d'Eſcompte un bon emploi de ſes fonds oiſifs. Seroit-ce donc ici la deſtination de ces 9 millions de nouvelles traites créées à Madrid pour l'achat des 13000 Actions? La Caisse-d'Escompte prendra sans doute ces Lettres de Change à 4 & demi pour cent, & si c'est à MM. le Couteulx que M. Cabarrus les a adressées, leur montant pourra servir à faire des avances aux Joueurs embarrassés, qui auront acheté plus d'Actions qu'ils n'en peuvent payer, & auxquels MM. le Couteulx sont chargés, à ce qu'on assure, de faire quelques avances à 5 pour cent sur le dépôt des Actions de Saint-Charles.... Où tout ceci finira-t-il donc? Quel cercle inconcevable d'agiotage frénétique, de traites sans valeurs, d'escomptes dangereux, de bénéfices chimériques, de secours illusoires! Et la pauvre Caisse-d'Escompte, pourquoi l'entraîne-t-on au travers de tous les hasards, à donner quelque réalité à de telles illusions?

L'histoire de notre trop fameux système ne nous a-t-elle donc rien appris? Chez notre Law, chaque création d'Actions étoit accompagnée d'une création de Billets : il falloit bien verfer des Billets dans le Public, pour le mettre en état d'acheter des Actions ; & ces Actions devenoient l'emploi naturel des Billets dont on furchargeoit le Public ; l'Action & les Billets étoient deftinés à abforber au befoin & réciproquement le trop plein l'un de l'autre. Chez M. Cabarrus, chaque vente d'Actions crée une nouvelle amaffe de Lettres de change fur Paris, car il n'a pas, comme Law, la reffource de créer des Billets de Banque ; perfonne ne veut des fiens. D'ailleurs Law n'avoit qu'un Royaume à exploiter ; il en faut deux à M. Cabarrus, & la chaîne ne pouvoit s'établir d'un bout de fon Domaine à l'autre, qu'en employant les Lettres de change.

Que des particuliers jouent & fe ruinent, c'eft un mal, fans doute, mais il a fa mefure, & le Gouvernement peut difficilement l'empêcher.

Mais lorfqu'un grand Etabliffement public eft conduit de maniere à fervir d'aliment & y d'aiguillon à ces jeux forcenés ; il eſt temps , pluſque temps , ſans doute , d'invoquer la ſauve-garde de l'autorité. MM. le Couteulx ſe juſtifieront comme ils pourront, d'être les intermédiaires , j'aurois pu dire les promoteurs de tant d'opérations nuiſibles à la France ; mais rien n'excuſeroit la Caiſſe d'Eſcompte de ſe prêter, de quelque façon que ce fût, à favoriſer des Agiotages , tels que ceux qui infectent Paris depuis pluſieurs mois. Elle a beſoin , grand beſoin d'être rappellée à ſon inſtitution premiere , & ſur-tout d'être conduite par des Admin. ʳtrateurs , qui ne faſſent pas de cette Caiſſe, le ſoutien continuel de leurs giganteſques entre-priſes.

Mais l'Adminiſtration actuelle paroît malheureuſement tourner tous ſes efforts vers le but d'augmenter juſqu'au deſpotiſme le plus irréſiſtible, ſon influence ſur les propriétés qui lui ſont confiées.

Hier 14 Juillet , s'eſt tenue la ſeconde aſſemlée générale : voici quel en a été le réſultat.

Le fond de réserve annoncé dès le mois de Janvier 1784, pour être de 2,500,000 liv., fixé encore à ce taux par l'Arrêt du 16 Janvier 1785, ne montoit cependant au 30 Juin dernier qu'à 2,396,000 liv. : ce qui n'a pas empêché qu'on n'ait élevé hier le dividende de 150 à 190 livres.

Cette atteinte portée au fond de réserve, provient de ce qu'au lieu de défalquer les pertes connues sur les bénéfices courans, on a pris la totalité de ces pertes sur l'ancien fond de réserve, auquel on les restitue par lambeaux ; & ainsi que cela convient à la politique des augmentations de dividendes. On le voit : dans ce système, ce qui se gagne se partage ; ce qui se perd, se puise dans la réserve. Il étoit difficile de montrer à la fois moins de prévoyance & de modération, & sur-tout moins de respect pour une Loi positive & formelle.

Au reste, & c'est ici que se montre à découvert le plan d'usurpation des

Administrateurs de la Caisse d'Escompte ; on a refondu le système entier du régime de cette Banque, & cela sans avertissement préalable, sans une nomination de Commissaires *ad hoc*, & d'après une convocation annoncée pour recevoir le rapport des Commissaires chargés de vérifier les comptes du Sémestre.

Les Administrateurs ne veulent plus être tenus à déposer que quinze actions au lieu de vingt-cinq. Explique qui pourra les raisons de cette innovation. On a adopté une discipline à-peu-près Prussienne pour la tenue des Assemblées générales. Les derniers vestiges des droits des Actionnaires sont détruits. Et pourquoi ce nouvel attentat ? Les assemblées étoient déjà si dociles ! On diroit que les Administrateurs en ont voulu faire une orgie aristocratique. La dictature absolue seroit un état de sûreté, & presque de liberté auprès des statuts présentés hier aux Actionnaires.

Ils n'ont qu'une ressource, & c'est

l'appel à l'autorité tutélaire & confervatrice ; car fans une homologation expreffe, ce prétendu réglement, déjà nul de droit, ne fçauroit être exécuté ; & en effet, il ne doit pas l'être, fi l'on met quelque prix à la profpérité & à la permanence de la Banque de fecours.

Au refte, les intérêts du Public font à couvert, les engagemens de la Caiffe d'Efcompte portent fur des fonds folides. Quant aux actions, c'eft l'affaire de ceux qui les poffédent : il y a long-temps que l'agiotage a pour devife, *CAVEAT EMPTOR.*

MIRABEAU.

Paris, 15 *Juillet*, 1785.